Geschichte im Bistum Aachen

Beiheft 5

Geschichte im Bistum Aachen – Beiheft 5

Vom Rhein zum Tiber
Das Italienbild historischer Persönlichkeiten aus dem Aachener Bistumsgebiet

Vorträge des Studientages
am 11. und 12. November 2005 in Aachen

Herausgegeben
vom
Geschichtsverein für das Bistum Aachen e. V.

Verlag Ph. C. W. Schmidt, Neustadt a. d. Aisch
2007

Die deutsche Bibliothek – CIP-Einheitsaufnahme:

Geschichte im Bistum Aachen/Geschichtsverein für das Bistum Aachen e.V.
Neustadt a.d. Aisch: Schmidt
Beiheft 5 2007
ISBN 978-3-87707-703-0

Verlag Ph.C.W. Schmidt, Neustadt an der Aisch 2007
Copyright: Geschichtsverein für das Bistum Aachen e.V.
Leonhardstraße 18-20, 52064 Aachen
Telefon 02 41/4 79 96 22, Telefax: 02 41/4 79 96 10

Computersatz und Layout: Eva Hürtgen, Dipl.-Archivarin
Druck: Verlagsdruckerei Schmidt, Neustadt a.d. Aisch

Inhalt

Vorwort

Hiermit legt der Geschichtsverein für das Bistum Aachen das fünfte Beiheft seiner Schriftenreihe „Geschichte im Bistum Aachen" vor. Es enthält wie die Vorgängerbände Referate, die auf einer unserer Studientage gehalten worden sind. Dieses Mal publizieren wir die Ergebnisse einer Tagung, die vom 11. bis zum 12. November 2005 in Aachen in Zusammenarbeit mit der Bischöflichen Akademie stattgefunden hat. Sie stand unter dem Leitthema „Vom Rhein zum Tiber" und befasste sich mit dem Italienbild historischer Persönlichkeiten aus dem heutigen Aachener Bistum.

Der zeitliche wie der inhaltliche Bogen sind weit gespannt. Er reicht von der Mitgründerin der Kongregation der Salvatorianerinnen, Therese von Wüllenweber, die von 1833 bis 1907 lebte, bis zum vorletzten Bischof von Aachen, Klaus Hemmerle, der 1929 in Freiburg i. Br. geboren worden und 1994 gestorben ist. Für alle dargestellten Persönlichkeiten war Italien ein wichtiger Punkt in ihrer Biografie. Einige wie die in Korschenbroich geborene Therese von Wüllenweber, der in Aachen zur Welt gekommene Historiker und Diplomat Ludwig von Pastor (1908-1985) und der in Viersen aufgewachsene Journalist und Kunsthistoriker Gustav René Hocke (1908-1895) lebten dort viele entscheidende Jahre. Andere empfingen wichtige Impulse jenseits der Alpen. Dazu gehören der aus Düsseldorf gebürtige Carl Sonnenschein (1876-1929), der in Rom studiert hatte und fließend italienisch sprach, als er zum „Volksverein für das katholische Deutschland" nach Mönchengladbach kam und das „Sekretariat Sozialer Studentenarbeit" aufbaute. Außerdem sind hier zu nennen der bereits erwähnte Bischof Dr. Klaus Hemmerle, der in Italien immer wieder Ruhe, Erholung und Muße zum Malen fand, der in Monschau geborene und viel gelesene Schriftsteller Ludwig Mathar (1882-1958), der über den Dichter Carlo Goldoni promoviert hatte, und schließlich der aus Aachen stammende Dombaumeister Joseph Buchkremer (1864-1949), der sich auf einer Italienreise eingehend mit einem der Vorgängerbauten des Aachener Oktogons, der Kirche San Vitale in Ravenna beschäftigt hatte.

Großer Dank gebührt den Autorinnen und Autoren, die ihre Referate zum Druck zur Verfügung stellten, und Frau Eva Hürtgen, die den Satz und die redaktionelle Arbeit zuverlässig meisterte.

Mönchengladbach, im August 2007

Dr. Wolfgang Löhr
Vorsitzender

Wolfgang Löhr

Therese von Wüllenweber und Italien

Am ersten Weihnachtstag 1907 stirbt in Rom Therese von Wüllenweber, Generaloberin der Schwestern vom Göttlichen Heiland, die den Ordensnamen Maria von den Aposteln erhalten hatte[1]. Sie wird gemäß ihrem Wunsch auf dem Campo Santo beigesetzt.
Im Jahr 1968 spricht sie Papst Paul VI. im Petersdom in Rom selig. Schon vier Jahre zuvor, 1962, waren ihre sterblichen Überreste in die Kapelle des römischen Konvents der Salvatorianerinnen, wie ihre Kongregation allgemein genannt wird, überführt worden.

Im Folgenden wollen wir uns vorab in der gebotenen Kürze mit der Herkunft dieser Frau und ihrer Biografie beschäftigen, ehe wir uns dann der Doppelfrage zuwenden, wie sie Rom und Italien erlebt hat, und ob sie vielleicht zu einer Römerin geworden ist[2].

Als Maria von den Aposteln 1833 geboren wurde, erhielt sie bei der Taufe die ersten beiden Vornamen ihrer Großmutter Maria Theresia[3]. Diese war eine geborene Freiin von Dwingelo und damit Spross einer angesehen emsländischen Familie, die sich bis ins späte Mittelalter zurückverfolgen lässt. Die Vorfahren ihres Großvaters Johann Heinrich Hermann Joseph von Wüllenweber hingegen waren bürgerlicher Herkunft[4]. Als dieser 1805 heiratete, bekleidete er das Amt eines kaiserlichen Reichspostmeisters. Im Jahr 1781 hatte er, um seine Reputation zu erhöhen, den erblichen Reichsfreiherrentitel erworben. Bei der Heirat,

---

[1] Die biografischen Angaben wurden entnommen: W. LÖHR, Therese von Wüllenweber, Mönchengladbach 1989 (Zeugen städtischer Vergangenheit 5); U. MUSICK, Therese von Wüllenweber – Maria von den Aposteln. Kurzbiographie, Rom 1989, (Studia de Historia Salvatoriana 1.0. MM); DIES., Die Familie der Seligen Maria von den Aposteln, Rom 1996, (Studia de Historia Salvatoriana 4.1/1); s. a. H. WECKERS, Die selige Therese von Wüllenweber – Maria von den Aposteln: eine apostolisch-missionarische Frau, in: Heilige im Bistum Aachen, Neustadt an der Aisch 2005, S. 327-344, (Geschichte im Bistum Aachen, Beiheft 4). Das Familienarchiv Wüllenweber befindet sich im Stadtarchiv Mönchengladbach (Bestand 23: Myllendonk) und ist für die oben genannten Biografien herangezogen worden.
[2] Die Form eines Vortrags ist belassen worden.
[3] LÖHR, Therese von Wüllenweber, wie Anm. 1, S. 5 f.
[4] MUSICK, Familie, wie Anm. 1, S. 10 f.

seiner dritten, war er bereits 65 Jahre alt. Seine Frau Maria Theresia, eine wohlhabende Erbin, zählte hingegen erst 22 Jahre. Der Altersunterschied betrug folglich 43 Jahre. Aus der Ehe gingen zwei Söhne hervor: 1806 Theodor und zwei Jahre später Franz Joseph. Beide haben ihren Vater, der 1810 starb, kaum gekannt und wuchsen bei ihrem Stiefvater auf, dem preußischen Major Wolfgang Christian von Spieß[5]. Theodor von Wüllenweber ist der Vater der Seligen. 1832 vermählte er sich mit Elisabeth Constance Lefort[6]. Sie hatte 1806 in Viersen als Tochter des aus Lothringen stammenden Steuereinnehmers Jean Justin Lefort und der Constance von Maercken das Licht des Lebens erblickt. Elisabeth Constance, in der Familie Elise genannt, verlor ihren Vater schon in ihrem zweiten Lebensjahr, als dieser von seinem Schwiegervater bei der Jagd erschossen wurde. Ob es sich dabei um einen Unfall handelte, ist heute nicht mehr zu klären. Auch ihre Mutter starb früh, sodass sie als Zehnjährige von einer Tante großgezogen wurde. 1833 siedelten Elise und Theodor von Wüllenweber nach Korschenbroich bei Mönchengladbach über, wo sie auf Schloss Myllendonk wohnten, das ihnen zum größten Teil Elises Onkel Gottfried von Maercken, der erste Gladbacher Landrat in der Preußenzeit, vermacht hatte[7]. Dort kam Therese von Wüllenweber am 19. Februar 1833 zur Welt. Aus der Ehe gingen vier weitere Töchter hervor[8].

Theodor von Wüllenweber war ein wohlhabender Mann[9]. Er hatte das Gymnasium in Osnabrück besucht, Jura in Bonn und Göttingen studiert und eine Verwaltungslaufbahn im Königreich Hannover begonnen. Diese gab er nach seiner Heirat auf und widmete sich hauptsächlich mehr oder minder notgedrungen der Administration des Ritterguts Myllendonk. Durch dessen Besitz war er wahlberechtigt zum Provinziallandtag und geborenes Mitglied des Gladbacher Kreistags und des Korschenbroicher Gemeinderats. 1837 stand er zur Auswahl als Gladbacher Landrat, doch ein anderer machte das Rennen. 1847 wurde er in den preußischen Landtag berufen. Er war ein politisch einflussreicher Mensch. Im Revolutionsjahr 1848 hoffte er auf eine stärkere Demokratisierung Deutsch-

---

5 Über ihn s. EBD., S. 22-25.
6 Über sie s. EBD., S. 31-40.
7 EBD., S. 34.
8 EBD., S. 149.
9 Über ihn s. EBD., S. 41-52; LÖHR, Therese von Wüllenweber, wie Anm. 1, S. 3, auch für das Folgende.

lands, lehnte aber jeden Aufruhr ab[10]. Im Kulturkampf stand er aufseiten des politischen Katholizismus. 1873 unterzeichnete er einen Wahlaufruf der Gladbacher Zentrumspartei, der er angehörte, der sich gegen „Staatsallmacht", „Militarismus" und „Staatsgötzentum" wandte. Die Unterzeichner des Aufrufs, der an Eindeutigkeit nichts zu wünschen übrig ließ, wurden mit Ausnahme von Thereses Vater in einen Prozess verwickelt, aber freigesprochen. Hochbetagt starb Freiherr Theodor von Wüllenweber mit 88 Jahren im Jahr 1894. Wie weit er sich mit der „Sozialen Frage" beschäftigt hat, ob er die Ziele des 1890 gegründeten Volksvereins für das katholische Deutschland, der seinen Sitz in Mönchengladbach genommen hatte und von seinem nahen Bekannten Franz Brandts mitgegründet worden war[11], bejaht hat, können wir mit Hilfe der bisher bekannten Quellen nicht erschließen. Er hätte von Myllendonk aus ohne Schwierigkeiten die beginnende Industrialisierung mit ihren sozialen Verwerfungen im benachbarten Mönchengladbach beobachten können. Es dürfte ihm jedenfalls nicht verborgen geblieben sein, wie in dem unmittelbar an sein Rittergut anrainenden Mönchengladbacher Vorort Neuwerk der größte Teil der Landwirtschaft zugrunde ging und die kleinen Bauern in die Fabriken abwanderten, außerdem die dortigen Handweber ihr Gewerbe aufgeben mussten und ebenfalls in den Industriebetrieben in den nahen Städten Arbeit annahmen[12].

Wie viel Therese von Wüllenweber von dem wirtschaftlichen und damit verbundenen sozialen Umbruch in ihrer Jugendzeit wahrgenommen hat, ist nicht bekannt. Sie hat sich dazu nie dezidiert geäußert. Mit 15 Jahren war sie auf Anraten des mit der Familie befreundeten, aus Leiden stammenden Lütticher Bischofs Cornelis van Bommel (1790-1852)[13] in das von Benediktinerinnen geführte Pensionat La Paix-Notre-Dame in Lüttich geschickt worden. Hier lernte sie nicht nur Französisch, das ihre Vorfahren mütterlicherseits gesprochen hatten, sondern dort wurde sie außerdem zu einer Dame erzogen, die sich in höheren Kreisen zu benehmen wusste. Davon hat sie später in Rom profitiert. In der Schule kam

---

[10] H. WECKER, Therese von Wüllenweber und die Bewegungen ihrer Zeit, Rom 1993 (Studia de Historia Salvatoriana 10 MM 1), S. 210 f.

[11] Über ihn s. W. LÖHR, Franz Brandts, Mönchengladbach 1985.

[12] W. LÖHR, Neuwerk, in: DERS. (Hrsg.), Loca Desiderata Bd. 3/2, Mönchengladbach 2005, S. 130f., 168f.

[13] LÖHR, Therese von Wüllenweber, wie Anm. 1, S. 8; über van Bommel s. Herders Konversationslexikon, 3. Auflage, Freiburg im Breisgau , im Folgenden HKL, Bd. 1, 1902, Sp. 1735.

sie in Berührung mit dem klassischen Altertum, das zum Unterrichtsstoff der Schule gehörte. Rom wurde ihr sicher als Zentrum der europäischen Bildung und Mittelpunkt der Christenheit bewusst gemacht. Italienisch stand nicht auf dem Lehrplan, und in der gehaltvollen Bibliothek auf Schloss Myllendonk taucht die italienische Literatur nicht erkennbar auf[14].

Therese von Wüllenweber (Foto: Stadtarchiv Mönchengladbach)

---

[14] S. dazu den erhalten gebliebenen Bücherbestand im Stadtarchiv Mönchengladbach und den dortigen Katalog über versteigerte Bücher aus Myllendonk; über die Bibliothek s. a. LÖHR, Therese von Wüllenweber, wie Anm. 1, S. 8 ff.

Wohl auf Anraten eines Jesuiten tritt Therese von Wüllenweber 1857 in das Sacré-Coeur-Kloster Blomendael bei Vaals in den Niederlanden ein[15]. Von dort geht sie nach Warendorf in Westfalen und schließlich nach Orléans in Frankreich. 1863 verlässt sie die Kongregation, weil sie für den Schuldienst, der im Mittelpunkt des Wirkens der Sacré-Coeur-Schwestern steht, ungeeignet erscheint. Sie versucht es noch mit zwei weiteren Kongregationen, von denen sie sich ebenfalls nach kurzer Zeit wieder enttäuscht trennt. In Brüssel lernt sie den Franziskanerkonventualen Joseph Maria Laurent kennen, der sie an den 1872 nach Neuwerk berufenen Pfarrer Ludwig von Essen weiterempfiehlt[16]. Dieser befasste sich mit Missionsplänen und hatte, wenn man es so sagen darf, eine kurze römische Vergangenheit. 1854 war er in Köln zum Priester geweiht worden, hatte Schulen geleitet und 1864 eine Berufung als Erzieher bei der fürstlichen Familie Rospigliosi in Rom angenommen. Sie besaß in der italienischen Hauptstadt einen berühmten Palazzo in der Nähe des Quirinals[17] und war stolz darauf, dass die Familie im 17. Jahrhundert Papst Clemens IX. hervorgebracht hatte, der sich um den Frieden von Aachen zwischen Frankreich und Spanien bemüht hatte[18]. Noch heute zählt die Familie zu den 30 großen Familien Italiens.

Ludwig von Essen blieb nicht lange in Rom, brachte aber von dort den Titel eines päpstlichen Ehrenkämmers und vermutlich den eines Ritters vom heiligen Grab mit. Dass er als Seelenführer Thereses von Wüllenweber von seiner römischen Zeit erzählt hat, ist nicht belegt. Nach zwei Pfarrerstellen in Deutschland trat er 1872 für wenige Wochen den Prämonstratensern in Tongerlo in Belgien bei, um dann die Pfarrstelle in Neuwerk anzutreten[19]. Hier wollte er ein Missionsseminar einrichten. Doch die Pläne zerschlugen sich. Der Apostolische Präfekt von Hongkong, Timoleone Raimondi, der ihn 1874 in Neuwerk besuchte, mahnte ihn zur Vorsicht mit Missionsplänen in den Zeiten des Kulturkampfs und sah richtig, dass der Neuwerker Pfarrer leicht Feuer für eine Sache fing,

---

[15] LÖHR, Therese von Wüllenweber, S. 10 f., auch für das Folgende.
[16] Über ihn s. F. BORNEMANN, Der Pfarrer Ludwig von Essen und seine Missionspläne, St. Augustin 1965; LÖHR, Therese von Wüllenweber, S. 14-17.
[17] HKL, Bd. 7, Sp. 704
[18] Über ihn s. Lexikon für Theologie und Kirche, 3. Aufl. (im Folgenden LThK) Bd. 2, 1994, Sp. 1224.
[19] H. SCHALLENBURGER, Geschichte der Pfarre St. Mariae Himmelfahrt, in: DERS. (Hrsg.), Gegen die Gladbacherischen Einwendungen, Mönchengladbach 2004, S. 36-42.

die er dann nicht vollendete[20]. Übrigens hat der kürzlich heilig gesprochene Arnold Janssen[21] Raimondi ebenfalls in Neuwerk aufgesucht. Er war aus anderem Holz geschnitzt und verwirklichte seine Missionsidee konsequenterweise in den Niederlanden, weil ihm Deutschland wegen des Kulturkampfs damals als zu unsicher erschien. Ludwig von Essen hat Arnold Janssen beraten, ohne aber entscheidenden Einfluss auf das Steyler Missionswerk nehmen zu können. Stattdessen bemühte er sich, ab 1875 mit Hilfe von Therese von Wüllenweber in Neuwerk ein Haus für Missionsschwestern zu gründen[22]. Am 17. Dezember 1874 hatte diese ihn in ihrem Testament als Universalerben eingesetzt. Ihr beträchtliches Vermögen sollte für die Missionsarbeit verwandt werden. Sie mietete das ehemalige Neuwerker Benediktinerinnenkloster, das sie 1879 kaufte. Hier wurden Waisenkinder untergebracht und einigen Damen Pension gewährt. Eine religiöse Gemeinschaft wurde daraus nicht, obgleich es von Essen so vorgesehen hatte. Versuche Thereses, sich anderen Schwesterngemeinschaften anzuschließen, scheiterten. 1882 nahm sie Kontakt zu Johann Baptist Jordan[23] in Rom auf. Er ist der Gründer der „Apostolischen Lehrgesellschaft", die sich später Gesellschaft vom Göttlichen Heiland, kurz Salvatorianer, nannte. Ihm bot sie das Kloster Neuwerk als Geschenk an. Im September 1882 trat sie der Gemeinschaft bei und übertrug ihr das Klostergebäude. Sie ging nun zum ersten Mal nach Rom, kam aber mit der von Jordan dort gegründeten Schwesterngemeinschaft, die sich später von ihm abwandte, nicht zurecht und kehrte nach wenigen Wochen 1884 enttäuscht nach Neuwerk zurück[24]. Vier Jahre später, 1888, wurde Therese von Wüllenweber erneut nach Italien gerufen, wo sie in dem Rom benachbarten Tivoli das Amt der Oberin des weiblichen Zweigs der Salvatorianer einnahm[25].

Was einen Außenstehenden an dieser Frau so fasziniert, ist ihre Ausdauer. Alle Fehlversuche erträgt sie, gibt nicht auf, entdeckt etwas Neues und lässt sich in ihrem Gottvertrauen durch nichts erschüttern. Das erkannte auch Johann Baptist Jordan. Im September 1887 schrieb er, um

---

[20] LÖHR, Therese von Wüllenweber, wie Anm. 1, S. 14.
[21] Über ihn s. LThK, Bd. 5, 1996, Sp. 745 f.
[22] MUSICK, Kurzbiographie, wie Anm. 1, S. 37-37-55; LÖHR, Therese von Wüllenweber, wie Anm. 1, S. 17- 23, auch für das Folgende.
[23] Über ihn s. EBD., Sp. 991 f.
[24] LÖHR, Therese von Wüllenweber, wie Anm. 1, S. 23.
[25] EBD., S. 25.

ein Beispiel zu nennen, an sie, er freue sich über ihre Treue. Sie möge im Leiden ausharren. Es werde den Kommenden zum Segen sein[26]. Trotz aller Fehlschläge bleibt sie ruhig und gelassen. Emphase ist ihr völlig fremd. Als ihre Berufung nach Rom 1888 zur Gründung des weiblichen Zweigs der von P. Jordan ins Leben gerufenen Kongregation feststeht, notiert sie fast unterkühlt und ganz knapp in ihr Tagebuch, das für die folgenden Ausführungen weitgehend zugrunde gelegt wird: „Am 28. 10. bekam Brief von Rom, daß wir nun auch noch im November nach <u>Rom</u> kommen sollen, dürfen. Möge es so sein!!! Ja es ist mit Jesus, Maria und Josef!!! Am 21. November der heilige, wichtige Tag"[27]. Mehr schreibt sie nicht. Dass sie voller Freude ist, erkennt man daran, dass sie Rom unterstreicht und hinter „Möge es so sein" und „Jesus, Maria und Josef" jeweils drei Ausrufungszeichen setzt. Übrigens auch kein Wort darüber, dass der Weggang eine Trennung von ihrem Vater bedeutete, der noch auf Myllendonk für damalige Verhältnisse hochbetagt im Alter von 82 Jahren lebt und seine Tochter besonders ins Herz geschlossen hat. Es war nach menschlichem Ermessen ein Abschied für immer. Wenige Jahre später hat er sich ein Foto seiner Tochter geradezu erbetteln müssen[28]. Noch ein Weiteres bleibt unerwähnt: Früher einmal hatte Therese gehofft, Neuwerk würde zur Zelle für die entstehende neue Kongregation werden. Das war 1888 endgültig vorbei, wie ihr Pater Jordan in einem Brief vom 22. Juli angedeutet hatte: „Teile Ihnen mit," heißt es da kurz und bündig, „daß ich mit Gottes Gnade beabsichtige, nächsten Herbst die Genossenschaft der Schwestern zu begründen, und so werden Sie wahrscheinlich Neuwerk verlassen müssen nächsten Herbst"[29]. Therese vertraute daraufhin ihrem Tagebuch an: „Ich flöge mit heiligem Eifer nach Rom, alles verlassend"[30]!

Ihr erster Eintrag, nachdem sie in Tivoli angekommen war, lässt sich an Nüchternheit kaum übertreffen. Dort heißt es: „Am 21. November 1888 sind wir, Schwester Ursula und ich, auf den Ruf von dem Ehrwürdigen

---

[26] Briefwechsel Pater Franziskus M. v. Kreuze Jordan und Mutter Maria v. d. Aposteln v. Wüllenweber. 1882-1907, Rom 2002 (Studia de Historia Salvatoriana 11), S. 50 f.

[27] Tagebücher. Maria von den Aposteln. 1875-1907, Rom 2002 (Studia de Historia Salvatoriana 10), S. 61. Im Folgenden sind Schreibfehler ohne Einzelnachweis verbessert und die Schreibweise angepasst worden.

[28] EBD., S. 78.

[29] Briefwechsel, wie Anmerkung 12, S. 59.

[30] EBD.

Stifter der Katholischen Lehrgesellschaft (d. i. Jordan) von Neuwerk St. Barbarastift weggereist. Kamen in München mit noch vier Kandidatinnen aus der Bamberger Diözese zusammen: Frl. Maria Hopfenmüller und drei anderen. In Rom durften wir uns drei Tage aufhalten, um die Heiligtümer zu besuchen. Dann führte uns unser Ehrwürdiger Vater, Pater Jordan, am 27. November in Tivoli in unsere neue Wohnung ein: Schwester Ursula und mich. Denselben Abend holte ich mir die hl. Regel, welche ich kniend empfing. Und er (d. h. Jordan) sagte: Wenn Sie dieses tun, werden sie heilig werden[31]" Aus diesem Wortlaut geht zunächst einmal hervor, dass diese Notate schnell eingetragen wurden und nicht für die Nachwelt verfasst worden sind. Deshalb die holprigen Sätze. Einmal davon abgesehen muss erstaunen, wie unterkühlt Therese von Wüllenweber berichtet. Schließlich war sie zur Oberin bestimmt worden. Außerdem vermisst man ein Wort über die Eindrücke in der Stadt Rom. Es wird lediglich von den Heiligtümern gesprochen, ohne dass man weiß, was damit konkret gemeint ist. Waren die Neuankömmlinge im Petersdom? Vermutlich. Aber haben sie noch andere Kirchen aufgesucht? Wir wissen es nicht und wundern uns schon nicht mehr, dass bei soviel Nüchternheit, ein Wort wie „das ewige Rom" ausbleibt und so etwas wie Italiensehnsucht nicht einmal zwischen den Zeilen zu erkennen ist. Das Land, wo die Zitronen blühten, mit der Seele zu suchen, wie es Johann Wolfgang Goethe als junger Mann getan hatte, so etwas kam ihr überhaupt nicht in den Sinn. Von Italienbegeisterung ist im ganzen Tagebuch nichts zu spüren. Als sie Januar 1889 einmal kurz in Rom weilt, spricht sie immerhin von der „heiligen Stadt"[32]. Dabei erwähnt sie noch die Peterskirche und die Sixtinische Kapelle. Über ihre Empfindungen schweigt sie sich aus. Reminiszenzen aus ihrer Schulzeit, in der sie mit klassischer Bildung vertraut gemacht worden war, fehlen ebenfalls, auch späterhin. Aber als sich zu Ende des Jahres 1889 eine Übersiedlung nach Rom abzeichnet[33], setzt sie jetzt doch alles daran, dass dieser Plan verwirklicht wird.

Pater Jordan hatte für die Schwestern zunächst in Tivoli, etwa 20 Kilometer von Rom entfernt, nur eine „ärmliche" Wohnung gefunden, wie wir erfahren[34]. Sie lag der Franziskanerkirche gegenüber. Zwei Tage nach

---

[31] Tagebücher, wie Anm. 13, S. 63.
[32] EBD., S. 66.
[33] EBD., S. 78.
[34] EBD., S. 63.

16

ihrem Einzug am 27. November 1888 begann der „Ehrwürdige Vater", wie Therese von Wüllenweber den Ordensgründer stets nannte, achttägige Exerzitien zur Vorbereitung auf das Fest Mariä Empfängnis und zur Feier der Einkleidung[35]. Mutter Maria machte mit einer Mitschwester alle Einkäufe und sprach schon passabel italienisch[36]. Da Französisch eigentlich ihre zweite Muttersprache war, scheint ihr die Erlernung eines weiteren romanischen Idioms nicht schwer gefallen zu sein. Sonntags besuchten die Schwestern die Kirche S. Lorenzo, um an der Eucharistie teilzunehmen[37]. Einen eigenen Geistlichen hatten sie nicht. Sie gingen fast täglich spazieren. Therese spricht in diesem Zusammenhang von „der schönen Gottesnatur des ehrwürdigen Tivolis"[38]. Einen Hinweis auf die im Ort liegenden Sehenswürdigkeiten wie den Vesta- und den Tiburtiustempel, den römischen Rundtempel, den Renaissancepalast und die Villa d'Este mit ihren berühmten Wasserspielen sucht man im Tagebuch vergeblich[39]. Fehlte ihr der Blick dafür? Hielt sie es für unwichtig? Wäre es anstößig gewesen, als Nonne solche Orte aufzusuchen?

Als am 18. Dezember 1888 zwei neue Schwestern eingekleidet werden, vermerkt Therese, der Ordensgründer habe sie alle angehalten, jeden Tag eine Stunde Italienisch zu lernen[40]. Damit wird deutlich, dass er sie in ihre neue Umgebung durchaus integrieren wollte und weit davon entfernt war, sie zu einem Leben in monastischer Abgeschiedenheit zu verpflichten. Er wollte sie ja als Glaubensbotinnen in die Welt hinaussenden. Um die Weihnachtszeit des gleichen Jahres übernimmt der Weggefährte Jordans, Pater Bonaventura Lüthen, den Italienischunterricht[41]. Er ist zugleich Beichtvater. Therese geht mit Schwester Columba zum Ortsbischof del Fratre, der seine schützende Hand über die Schwestern hält und P. Jordan bei ihrer Ansiedlung geholfen hatte[42]. Sie wünschen ihm ein glückliches Weihnachtsfest. Dieser Besuch ist auch ein Zeichen dafür, dass die Gemeinschaft sich nicht absondern und am kirchlichen Leben Tivolis teilnehmen will und Therese ausreichend italienisch sprechen kann. Die

---

[35] EBD.
[36] EBD., S. 64
[37] EBD.
[38] EBD.
[39] Diese Sehenswürdigkeiten nennt das HKL, Bd. 8, 1907, Sp. 670.
[40] Tagebücher, wie Anm. 13, S. 65.
[41] EBD., S. 65, 73.
[42] EBD., S. 65 f.

Schwestern sind inzwischen so bekannt, dass sie im Mai 1889, kein halbes Jahr seit ihrem Eintreffen in Tivoli, die ersten italienischen Postulantinnen aufnehmen[43]. Die Gemeinschaft ist in Italien angekommen. Bald nehmen die Schwestern auch Kinder aus Tivoli zur Betreuung auf, die sie zusätzlich unterrichten[44]. Immer wieder erhalten sie Besuch von italienischen, teilweise hochgestellten Geistlichen[45]. Inzwischen haben sie in ihrem Heim an der Piazza San Francesco weitere Räume bezogen und ein eigenes Refektorium eingerichtet. Therese kümmert sich vorbildlich um den Konvent, dem sie mit dem Titel „Ehrwürdige Mutter" vorsteht, und übernimmt im Juli 1889 erstmals einen Auftrag für Pater Jordan, der in Tivoli für einige Monate eine Zuflucht für einige erkrankte Mitbrüder sucht: Sie, die deutsche Baronessa, welche die nötigen Konventionen kennt, verhandelt daraufhin mit einem Grafen Colonna, Spross einer der bedeutendsten italienischen Adelsgeschlechter[46]. Er weist voller Stolz darauf hin, dass seine Vorfahren Ghibellinen gewesen seien und ein besonders gutes Verhältnis zu den Deutschen gehabt hätten[47]. Therese scheint beeindruckt gewesen zu sein.

Ab Oktober 1889 erhält sie eigens täglich eine Stunde Italienischunterricht bei einer Italienerin, um ihre Konversation zu verbessern[48]. Ein Vierteljahr darauf erfährt sie, dass der Konvent nach Rom übersiedeln soll[49]. Zum ersten Mal gibt sie ihre Zurückhaltung im Tagebuch ein wenig auf und notiert am 30. Dezember: „Oh heilige Stadt, nach der ich stets verlangt"[50]. Da erhalten wir durch einen Spalt einen Blick in ihr Innenleben: In Rom zu leben, am Mittelpunkt der Christenheit, erfüllt sie mit großer Freude. Wenn schon Italien, so sagt sie sich, dann auch Rom. Als die Übersiedlung zu stocken scheint, übernimmt sie zum ersten Mal selbst die Initiative: Am 14. April 1890 fährt sie in Begleitung einer Mitschwester, was wohl schicklich war, in das benachbarte Rom und besucht den römischen Generalvikar, Camerlengo und Protektor der geistlichen Orden und Kommunitäten Lucido Maria Kardinal Parocchi (1833-

---

43 EBD., S. 70-73.
44 EBD., S. 79.
45 EBD., S. 68, 71, 75.
46 Zu dieser Familie s. LThK, Bd. 2, 1994, Sp. 1261 f.
47 EBD., S. 74.
48 Tagebücher, wie Anm. 13, S. 78.
49 EBD.
50 EBD.

1903)[51], um die Angelegenheit zu beschleunigen. Thereses Eintrag über die Audienz ist ausführlicher als andere Notate und lässt vielleicht so etwas wie leichte Ironie vermuten. „Durch viele Säle gelangten wir zu ihm", beginnt sie, um fortzufahren: „Ordenspriester, Geistliche, Nonnen etc.etc. und eine Versammlung französischer Damen wurden auch zu Seiner Eminenz gelassen. Es war fast wie beim Papste. Wir beide kamen gegen 11 $^1/_2$ vor. Seine Eminenz war sehr huldvoll und sagte hauptsächlich: Es sei jetzt ein Gesetz, dass keine neuen Orden mehr nach Rom dürfen. Dazu müssen wir ein Schreiben vom Bischof von Tivoli haben, dieses dem Heiligen Vater vorlegen, dann könne es sein. Je vous veux bien, sagte er. Ich sprach Französisch . O, wolle Gott helfen"[52] Dass sie Französisch sprach, ist auffallend. Vermutlich fühlte sie sich im Italienischen nicht sicher genug und wandte sich an den Kardinal in der ihr seit jungen Jahren vertrauten Sprache, die ihr zur zweiten Muttersprache geworden war. Sie und ihre Mitschwester nehmen noch die Gelegenheit wahr, zwei römische Kirchen aufzusuchen, ehe sie nach Tivoli, aus dem sie sonst nicht herauskommen, zurückzukehren. Als 1893 immer noch nichts geschehen ist, wird Mutter Maria ungeduldig und fährt erneut im April auf eigene Faust nach Rom zu Kardinal Parocchi, mit dem sie nun nicht mehr Französisch, sondern Italienisch spricht. Der vertröstet sie auf das kommende Jahr und meint, man könne den Papst nach einer Genehmigung im Augenblick nicht fragen. Scherzend fügt er hinzu: „Ihr seid jetzt in Tivoli, über die Wasserfälle (in den Gärten der Villa d'Este) müsst ihr (nach Rom) hinabfallen[53]. Pater Lüthen warnt sie, mit ihrem Alleingang könne sie alles ruinieren[54]. P. Jordan scheint nicht begeistert zu sein. Demütig beteuert sie ihm gegenüber am 20. Oktober 1893 ihren Gehorsam: „Nein", schreibt sie „ich folge Ihren Worten"[55]. Doch der Wunsch nach einer Verlagerung des Konvents nach Rom bleibt. Inzwischen ist seit ihrem Besuch beim Camerlengo Parocchi wieder ein Jahr vergangen, da nutzt sie die Gelegenheit in einem Brief an P. Jordan vom 4. Mai 1894, in dem sie über familiäre Sorgen berichtet – ihr Vater ist krank –, den Ordensgründer sanft zu mahnen. „Besonders betrübt mich mein Papa. Nein, über nichts könnte ich mich freuen, da ich trotz allem noch nicht in

---

[51] HKL, Bd. 6, 1906, Sp. 1260.
[52] Tagebücher, wie Anm. 1, S. 81.
[53] EBD., S. 110.
[54] Briefwechsel, wie Anm. 12, S. 86.
[55] EBD.

Rom hinein darf. Ja, die Osterfreude ist noch nicht da"[56]. P. Jordan antwortet zwei Tage darauf knapp und ausweichend: "Bezeige Ihnen hiermit meine Teilnahme an den Leiden der Ihrigen. Tragen wir jedes Kreuz mit großer Geduld"[57]. Auf das Thema Rom geht er bezeichnenderweise nicht ein.

Dann spielt ein äußerer Umstand eine entscheidende Rolle: Als im Konvent in Tivoli der Typhus ausbricht, müssen am 26. Juni 1894 zwanzig Schwestern nach Rom evakuiert werden, wo sie in der Via Lungara eine Unterkunft finden, fünf Jahre nach der ersten Intervention ihrer Oberin, man möge sie in die „heilige Stadt" lassen[58]. „Ja, so sind die Wege Gottes", bemerkt sie in ihrem Tagebuch. „Durch Leiden und Trübsal treibt er uns nach Rom in die Arme des Vaters der Christenheit"[59]. Dass zwei Tage zuvor ihr Vater fast 88 Jahre alt sanft entschlafen ist, empfindet sie als weiteres Kreuz, womit sie den Transfer nach Rom „erkauft" habe. Das sind ihre eigenen Worte. Im Herbst müssen dann die Novizinnen nach Tivoli zurückkehren. Die Schwestern sind in Rom nicht erwünscht[60], aber das von den Schwestern geleitete Lehrerinneninstitut in Tivoli darf im Oktober 1894 in der „heiligen Stadt" wiedereröffnet werden[61]. Mutter Maria nimmt ihren Sitz in Rom und macht nun Nägel mit Köpfen, indem sie außerdem die Verwaltung von Tivoli nach dort verlegt[62]. Es dauert noch viele Jahre, auch vatikanische Mühlen mahlen langsam, ehe 1904 das Haus an der Via Lungara offiziell als Mutterhaus der Kongregation anerkannt wird[63]. Die Oberin hatte sich endgültig durchgesetzt.
„Magnificat!", schrieb sie in ihr Tagebuch[64].

Am 19. Mai 1895, sechseinhalb Jahre nach ihrer Ankunft in Italien, wird Mutter Maria zusammen mit drei weiteren Schwestern erstmals Papst Leo XIII. vorgestellt. Sie schreibt dazu: „Ja, was wir nicht erwarten durf-

---

[56] EBD., S. 91.
[57] EBD., S. 92.
[58] EBD., 95 f.
[59] EBD., S. 96.
[60] Tagebücher, wie Anm. 13, S. 129.
[61] EBD., S. 131.
[62] EBD., S. 136.
[63] EBD., S. 213 Anm. 480.
[64] EBD., S. 280.

ten und noch nie geschehen, auch wir vier Schwestern wurden vor den Heiligen Vater vorgelassen. Ich bat zuerst um den Segen für die drei Schwestern, welche bald nach Amerika sollen. Seine Heiligkeit fragte gnädigst wohin. Wir sagten nach Milwaukee. Da sagte ich ihm: Eure Heiligkeit! Wir sind die Schwestern vom Göttlichen Heiland, gestiftet vom Ehrwürdigen Vater Jordan. Sind in Rom. Worauf der Heilige Vater sehr zufrieden lächelte, und als ich Seiner Heiligkeit sagte, ich bin die Oberin, nahm er meinen Kopf, drückte ihn, segnete ihn sowie meine Stirne. Darauf legte Schwester Walburga ihren Kopf in seinen Schoß und sie empfing denselben Segen. Oh, welch ein Segenstag. Ich weinte vor Rührung"[65]. Hier verliert die sonst so gefasste und reservierte Oberin ihre Fassung. Jetzt weiß sie, warum sie so nachdrücklich für die Ansiedlung in der „ewigen Stadt" gekämpft hatte und dort bleiben wollte.

In Rom macht sie dann zu Ende des Jahres 1893 Bekanntschaft mit Monsignore Anton de Waal (1837-1917)[66]. Er stammte aus Emmerich, war 1862 zum Priester geweiht und zehn Jahre danach zum Rektor des Campo Santo Teutonico ernannt worden[67]. Er reaktivierte die damit verbundene Erzbruderschaft und machte den „Friedhof der Deutschen", so die Übersetzung, „zu einem Zentrum deutscher Präsenz in Rom sowie für die christlich-archäologische und kirchengeschichtliche Forschung", schreibt der jetzige Leiter dieser renommierten Einrichtung Erwin Gatz im Lexikon für Theologie und Kirche. 1876 sei an Stelle des Pilgerhauses ein Priesterhaus getreten mit einer bedeutenden Fachbibliothek und einer Sammlung frühchristlicher Kleinkunst. 1888 habe de Waal die Gründung des Römischen Instituts der Görres-Gesellschaft betrieben. Außerdem war er zuständig für die Organisation und Seelsorge der Deutschen in Italien.

Er hatte erheblichen Einfluss in kirchlichen Kreisen, war mit Pater Jordan gut bekannt und setzte sich intensiv für Therese von Wüllenweber und ihrer Kongregation ein. 1894 wurde er als Visitator für die Salvatorianerinnen eingesetzt[68]. Er versuchte, ihnen zu einer dauernden Bleibe in Rom zu verhelfen. Im November 1895 sagte er der Oberin, kürzlich seien zwei spanische Nonnen nach Rom gekommen und hätten von der Kurie sofort die Erlaubnis erhalten, sich dort als nationale Gründung zu

---

65 EBD., S. 142. Eine weitere Audienz fand 1895 statt (ebd., S. 155).
66 EBD., S. 118.
67 LThK, Bd. 10, 2001, Sp. 914 f.
68 Tagebücher, wie Anm. 13, S. 134.

„installieren"[69]. So solle sie es auch machen und sich nicht erst an den Generalvikar wenden, sondern sofort über den Kardinalstaatssekretär Mariano Rampolla (1843-1913)[70] an den Papst. Pater Jordan sei gewiss damit einverstanden. Er, Anton de Waal, werde für sie eine Supplik in Latein verfassen.

P. Jordan ist ungehalten. Nein, die Kongregation sei keine nationale Gründung, teil er ihr am 1. Dezember 1895 mit, sondern eine internationale. Er werde sich selber der Sache annehmen und beim Generalvikar vorsprechen[71]. Anton de Waal brauchen wir dafür nicht, wird er gemeint haben. Er scheint Erfolg gehabt zu haben. Als am 9. Dezember 1895 Mutter Maria, die sich wieder einmal selbst einschaltet und den Kardinalvikar aufsucht, wird ihr die Erlaubnis, in Rom zu bleiben, nicht versagt. Sie spricht von einem „glückseligen Tag" und dem „Grundstein für Rom"[72]. Aber endgültig wurde dies erst, wie bereits erwähnt, im Jahr 1904.

1897 fährt die Oberin zum ersten Mal nach ihrer Übersiedlung nach Italien wieder nach Deutschland[73]. Der eigentliche Anlass ist das hundertjährige Bestehen der Benediktinerinnenabtei im belgischen Lüttich, in deren Schule die junge Therese von Wüllenweber unterrichtet worden war. Von dort aus besucht sie Myllendonk, ihre Verwandten, die wohl die Reise finanziert hatten, ferner das Grab ihres Vaters und den Kölner Erzbischof Phillip Krementz[74]. Auch im folgenden Jahr macht sie eine Auslandsreise und versucht ergebnislos, in Fribourg in der Schweiz einen neuen Konvent ins Leben zu rufen[75]. Die Kongregation ist inzwischen auf über hundert Mitglieder angewachsen, aber nur wenige sind „direkt in apostolischen Diensten tätig"[76].

In den folgenden Jahren bleiben Mutter Maria Sorgen und Probleme nicht erspart. Im Januar 1899 wird sie auf der Tiberbrücke von einer

---

[69] Briefwechsel, wie Anm. 12, S. 103.
[70] LThK, Bd. 8, 1999, Sp. 823.
[71] Briefwechsel,wie Anm. 12, S. 104.
[72] EBD.
[73] Tagebücher, wie Anm. 13, S. 190 f.
[74] Über ihn s. LThK, Bd. 6, 1997, Sp. 437.
[75] Tagebücher, wie Anm. 13, S. 204.
[76] Briefwechsel, wie Anm. 12, S. 119.

Pferdekutsche erfasst und bricht sich die Hand[77]. Außerdem begehren die Schwestern in Tivoli auf[78]. Die Spannungen dauern an. Auch in der Niederlassung Milwaukee rumort es[79]. Eine Fahrt in den ungarischen Teil der Donaumonarchie bekommt ihr schlecht, weil sie die Seereise nach Kroatien nicht verträgt und seekrank wird. Aber ihr nimmermüder Einsatz lohnt sich: Am Ende des Jahres zählt die Kongregation ungefähr 120 Mitglieder, die verschiedenen Nationen angehören und viele Sprachen sprechen. Am internationalen Charakter der Gründung ist nicht mehr zu zweifeln. Im Heiligen Jahr 1900 besuchen Pilgerinnen und Pilger aus Neuwerk Mutter Maria[80]. Über diesen Kontakt mit ihrer alten Heimat, der sie sich immer noch verbunden fühlt, auch nach 12 Jahren in Italien, hat sie sich besonders gefreut. Zwei Jahre später, 1902, macht sie eine weitere Reise ins Ausland, um Niederlassungen zu visitieren[81]. Deutschland bleibt ausgespart. Ihr Heimatland hat sie seit 1897 bis zu ihrem Tod nicht mehr wiedergesehen.

Als die Gemeinschaft auf über 150 Schwestern angewachsen ist, macht sich Mutter Maria auf die Suche nach einer neuen Bleibe in Rom. Im Frühjahr 1903 wird ihr ein Gebäude in der Salita Sant'Onofrio angeboten[82]. Das erwirbt sie mit ihrem väterlichen Erbteil. Am 3. August 1903 wird das Haus, das heute noch von der Kongregation genutzt wird, auf ihren Namen ins Grundbuch eingetragen[83]. „Nun sah die Ehrwürdige Mutter ihre Hauptpläne verwirklicht, denn die Befestigung des Generalsitzes der Genossenschaft war einer ihrer sehnlichen Wünsche seit der Gründung der Genossenschaft," heißt es dazu in der Chronik der Schwestern[84]. Das ist richtig. Aber, so darf man hinzufügen, sie hätte überall versucht, ihren Traum von der Gründung einer Schwesternkongregation zu verwirklichen und hätte liebend gern in Neuwerk Fuß gefasst. Rom war freilich ein so bedeutender Ort, dass sie ihn als Sitz der Kongregation nicht ausschlagen konnte. Ohne Zufälligkeiten war es, wie wir erfahren haben, bis zur endgültigen dortigen Ansiedlung jedoch nicht

---

[77] Tagebücher, wie Anm. 13, S. 210.
[78] MUSICK, Kurzbiographie, wie Anm. 1, S. 100 f.; Briefwechsel, wie Anm. 12, S. 129 f.
[79] Briefwechsel, wie Anm. 12, S. 133 f.
[80] Tagebücher, wie Anm. 13, S. 233.
[81] EBD., S. 258 f.
[82] EBD., S. 263, 266.
[83] EBD., S. 267.
[84] LÖHR, Therese von Wüllenweber, wie. Anm. 1, S. 27.

abgegangen. Es hätte auch anders kommen können. Eine allgemeine Notwendigkeit lag nicht vor.

Wie verlief ihr Leben weiter?

1904 geht sie auf eine zusätzliche Visitationsreise, die sie u. a. noch einmal nach Ungarn führt[85]. Eine erneute Prüfung ihrer Demut bleibt ihr nicht erspart. Auf dem ersten Generalkapitel am 1. Dezember 1905 wird ihr angeraten, ihr Amt als Generaloberin niederzulegen. Der päpstliche Visitator, der aus Aachen stammende P. Thomas Esser OP[86], meinte verletzend, die Leitung der Kongregation sei „seit Beginn immer in der Hand einer Frau ohne Herz und mit wenig Verstand" gewesen.[87] Er gibt ihr „einige Winke zur Niederlegung ihres Amtes, respektive zur Verzichtleistung auf dasselbe, da sie nach den kirchlichen Verordnungen nicht länger General-Oberin sein dürfe ..."[88]. Doch sie erhält bei der Wahl die meisten Stimmen (8 von 21). Auch innerhalb des Wahlgremiums scheint es Ablehnung ihres als zu autoritär empfundenen Führungsstils gegeben zu haben. Bei der nächsten Abstimmung wird sie jedoch mit 20 Stimmen wiedergewählt, obgleich P. Esser alles versucht hatte, das zu verhindern. Ab 1906 geht es mit der Gesundheit der Generaloberin bergab. Sie leidet an Asthma[89]. Dennoch macht sie weitere Visitationsreisen ins Ausland und schont sich nicht[90]. Die Asthmaanfälle nehmen zu. Hinzu kommt eine Abnahme der Sehkraft. Sie kränkelt weiter und stirbt schließlich an einer Gehirnhautentzündung am 25. Dezember 1907 im Alter von 74 Jahren[91]. Ein so hohes Alter wie ihrem Vater war ihr nicht beschieden. Gemäß ihrem Testament wird sie auf dem Campo Santo begraben[92]. Auf dem einfachen Grabstein ist zu lesen: „Hic Requiescat In Christo Salvatore Mater Maria de Wüllenweber. Prima Superiorissa Generalis Sororum Divini Salvatoris." (Hier ruht in Christus dem Erlöser Mutter Maria, erste Generaloberin der Schwestern vom Göttlichen Heiland). Es folgen ihre Lebensdaten.

---

85 Tagebücher, wie Anm. 13, S. 278 f.
86 LThK, Bd. 3, 1995, Sp. 893.
87 MUSICK, Kurzbiographie, wie Anm. 1, S. 111 f.
88 EBD., S. 113 f., auch für das Folgende.
89 LÖHR, Therese von Wüllenweber, wie Anm. 1, S. 27.
90 MUSICK, Kurzbiographie, wie Anm. 1, S. 116.
91 EBD., S. 120 f.
92 Tagebücher, wie Anm. 13, S. 316.

Pater Franziskus M. v. Kreuze Jordan
(Foto: Stadtarchiv Mönchengladbach)

Einige Schlussfragen.

1. Passte Mutter Maria überhaupt in unseren Vortragszyklus?

Das ist zu bejahen. Bei aller Zurückhaltung bei der Übersiedlung nach Italien zur Gründung ihrer Kongregation – sie wäre überall hingegangen – wusste sie schon, welche Auszeichnung es war, nach dort berufen zu werden. Und als sie sozusagen vor den Toren der „ewigen Stadt" stand und nicht hineingelassen werden sollte, da kämpfte sie und siegte schließlich. Sicher, wie bereits gesagt, dabei spielte der Zufall, also der Verlauf nicht notwendiger äußerer Umstände, eine nicht zu unterschätzende Rolle.

2. Was war für sie attraktiv an Rom?

Das ist einfach zu beantworten: Der Sitz des Papstes. Denn römische Altertümer, die kunstvollen Kirchen, die berühmten Paläste, die Erinnerungsorte deutsch-italienischer Geschichte haben sie kaum interessiert.

3. Hat sie sich zu guter Letzt als Römerin gefühlt?

Das muss man verneinen. Sie ist zwar in Rom heimisch geworden, hat gut Italienisch gesprochen, ihr geistliches Testament in dieser Sprache abgefasst[93] und einmal gegenüber einem italienischen Bischof bemerkt, alle Schwestern in Rom seien Italienerinnen[94], blieb jedoch auch formal immer Deutsche[95]. Über italienische Politik, die schließlich in Rom gemacht wurde, hat sie sich niemals geäußert, übrigens auch nicht über deutsche. Nähere Kontakte zu italienischen kulturellen Einrichtungen sind nicht bekannt. Verbindungen hielt sie jedoch zum Campo Santo wegen Anton de Waal, zur Anima, der deutschen Nationalkirche[96] und zum Studienhaus Collegium Germanicum[97], alles deutsche katholische Stützpunkte in Rom.

---

[93] Musick, Kurzbiographie, wie Anm. 1, S. 109.
[94] Tagebücher, wie Anm. 13, S. 153.
[95] Ebd., S. 273.
[96] S. etwa Ebd., S. 155, 198, 210.
[97] S. Ebd., S. 207.

4. War sie eine Ordensgründerin?

Mutter Maria von den Aposteln hat sich stets als „geistliche Tochter des Hochwürdigen Paters Jordan" betrachtet. So schreibt sie immer. Auf ihrem Grabstein ist deshalb auch der Begriff Gründerin vermieden worden. Dem geistigen Führungsanspruch Jordans hat sie sich weitgehend unterworfen. Das war noch zu Ende des 19. Jahrhunderts typisch für eine Frau. Aber als etwa die Ansiedlung der Kongregation in Rom zu scheitern drohte, übernahm sie die Initiative. Ohne sie wäre der weibliche Zweig der Salvatorianer wohl nie erfolgreich geworden. Als Generaloberin trug sie schließlich die ganze Verantwortung und wollte sich nicht hinter Pater Jordan verstecken. Sie legte durchaus Wert auf Autorität und scheute auch nicht vor unbequemen Entscheidungen zurück und eckte an. Dass sie selbstständig handeln konnte, zeigte sie schon in Neuwerk: Von Pfarrer Ludwig von Essen wandte sie sich in aller Freundschaft ab, weil sie sah, dass er ihre Missionsidee nicht verwirklichen konnte und zu oft zögerte und zauderte. In Rom verschaffte sie sich trotz aller Zurückhaltung im Auftreten Anerkennung und fand ihren Weg. Aber sie war keine Rebellin und das Wort Emanzipation war ihr fremd. Stattdessen hat sie die traditionelle Rolle, die ihr als Frau in der Kirche des 19. Jahrhunderts zuerkannt worden war, angenommen und das Beste daraus gemacht. Damit unterscheidet sie sich nicht von anderen Ordensgründerinnen ihrer Zeit.

Lydia Konnegen

Studien zu Mosaik und Marmorinkrustation des frühen Mittelalters

Die Italienreise Joseph Buchkremers (1864-1949)

Als Kurt Vaessen 1951 einen Nachruf schlicht mit „Der Dombaumeister" überschrieb, war allen Aachener Lesern bekannt, dass nur der zwei Jahre zuvor verstorbene Joseph Buchkremer gemeint sein konnte. So präsent war nach fast fünfzigjähriger Tätigkeit für das Aachener Münster der Hüter und hingebungsvolle Freund dieses Bauwerks im Gedächtnis der Stadt. Keiner vor und nach ihm hat sich über einen so langen Zeitraum mit diesem Bauwerk befasst, keiner hatte bis dahin so viel über den Dom publiziert, wenn auch vor allem in kleineren Aufsätzen, in den Berichten des Karlsvereins, für deren Erstellung er über Jahrzehnte verantwortlich war, und in der Tagespresse – Beiträge, die sich nicht zuletzt durch eine gute Visualisierung von Befunden und Thesen zu älteren Bauzuständen auszeichneten, da Buchkremer mit einem außerordentlichen Zeichentalent begabt war. Vaessens Urteil, der Aachener Dom habe mit dem Tode des Professors Dr. h.c. Joseph Buchkremer, der am 11. Januar 1949 im 85. Lebensjahr verstarb, „den besten Hüter und einen hingebungsvollen Freund", und Deutschland – mit den Worten Paul Clemens – „den erfahrensten aller Münsterbaumeister" verloren, war daher nicht übertrieben.[1] Intensiv beteiligte sich Buchkremer an der Diskussion um die Wiederherstellung der ursprünglichen Innendekoration des karolingischen Münsteroktogons. Da das frühmittelalterliche Original weitestgehend verloren und aus Schriftquellen nur unzureichend zu rekonstruieren war, sahen die verantwortlichen Denkmalpfleger zur vorletzten Jahrhundertwende ihre Aufgabe darin, eine Innendekoration, wie sie für die Zeit des Kirchengründers, Karls des Großen, denkbar gewesen wäre, neu zu konzipieren. In seiner Funktion als beratender Architekt galt Buchkremers Interesse insbesondere der technischen Umsetzung der geplanten Marmor- und Mosaikausstattung.

---

[1] Vgl. Kurt Vaessen: Der Dombaumeister. Eine biographische Studie über Professor Dr. h.c. Joseph Buchkremer. In: Aachen zum Jahre 1951, herausgegeben vom Rheinischen Verein für Denkmalpflege und Heimatschutz. Neuss 1951, S. 125-140; Zitate ebd., S. 125.

In diesem Zusammenhang stand eine bisher weitgehend unbeachtete Studienreise nach Italien im Jahr 1902, in deren Verlauf Buchkremer Antworten auf aktuell diskutierte Fragen der Münsterrestaurierung sowie Bestätigung für seine am Aachener Bauwerk entwickelten Thesen suchte. Gleichzeitig trachtete er danach, mit seinen sauber aufgezeichneten Beobachtungen auf diese Diskussionen einzuwirken. Aufgrund der hohen Bedeutung dieser Reise für den Fortgang der Restaurierungsarbeiten nach 1902 sei sie im Folgenden erstmals ausführlicher unter Verwendung bisher unveröffentlichten Quellenmaterials behandelt.[2]

Biographische Skizze

Joseph Buchkremer,[3] am 27. September 1864 in Aachen (Sandkaulbach) geboren, besuchte die Pfarrschule St. Nikolaus und anschließend das Realgymnasium, das er mit der Obersekunda verließ. Die Notwendigkeit einer finanziellen Absicherung vor Augen, dachte er zunächst an eine Lehre in einem Kolonialwarengeschäft. Auf die Zeitungsanzeige eines

---

2 Dazu gehören zum einen neben einigen Publikationen Buchkremers der auf Grundlage seines – heute verschollenen – Reisetagebuchs erstellte, illustrierte Reisebericht, der sich in Kopie im Archiv der Dombauleitung Aachen befindet (ADA, ohne Signatur), dann ein offizieller Ergebnisbericht zu dieser Reise für das Preußische Ministerium der Öffentlichen Arbeiten im Geheimen Staatsarchiv Preußischer Kulturbesitz zu Berlin (GStPK, Deutsches Zentralarchiv, Hauptabteilung I, Rep. 76-Ve, Sek. 14, Abt. VI, Nr. 36, III, fol. 106r-114v mit Wiederholungen zahlreicher technischer Zeichnungen aus dem Reisebericht) und schließlich ein Konvolut von Zeichnungen, das im Nachlass Buchkremer im Domarchiv Aachen (DAA, Bestand Domkapitel Nr. A 5.5.1.16) aufbewahrt wird.

3 Bis heute steht eine umfassende Aufarbeitung und differenzierte Würdigung der Arbeiten Joseph Buchkremers als Architekt und Dombaumeister aus. Bisherige Darstellungen wie die Nachrufe von Vaessen und Huyskens sind geprägt von der persönlichen Bekanntschaft mit Buchkremer und völlig unkritisch gegenüber dessen Tätigkeit. Vgl. Albert HUYSKENS: Unserem Ehrenmitglied Dombaumeister Professor Dr.-Ing. h.c. Joseph Buchkremer († 11.1.1949) zum Gedächtnis. In: Zeitschrift des Aachener Geschichtsvereins 62 (1949), S. 104-111 und VAESSEN 1951. Wesentliche Angaben über seine Ausbildung und seine frühen Tätigkeiten sind allein seiner Autobiographie zu entnehmen. Vgl. Joseph BUCHKREMER: Meine Tätigkeit als Aachener Dombaumeister. Bearbeitet von Marita Hermanns. Aachen 1993 (= Veröffentlichungen des Bischöflichen Diözesanarchivs Aachen 46). In Ermangelung weiterer Quellen stützt sich die vorgelegte biographische Skizze auf eben diese drei Texte. Weitere Erkenntnisse sind zu erwarten, sollte der Nachlass Buchkremers vollständig zugänglich gemacht werden.

Aachener Bauunternehmens hin entschied er sich aber dafür, dort eine Ausbildung zu beginnen, ohne zuvor eine besondere Neigung zum Bauwesen an den Tag gelegt zu haben. Sein außergewöhnliches Zeichentalent und die Gabe, architektonische Zusammenhänge klar in seinen Grafiken zu erfassen, weckten die Aufmerksamkeit von Professor Karl Friedrich Wilhelm Henrici, einem bedeutenden Städtebauer, der an der Architekturfakultät des Aachener Polytechnikums lehrte. Henrici nahm Buchkremer als Studenten und Mitarbeiter an.

Abb. 1: Prof. Dr.-Ing. h.c. Joseph Buchkremer, 1864-1949 (Bischöfliches Diözesanarchiv Aachen, Fotosammlung).

Noch als Student und angehender Architekt ergab sich für Buchkremer ein erster Kontakt zum Aachener Münster, dessen „Wiederherstellung" seit mehr als 40 Jahren betrieben wurde und die Gemüter der Aachener Gesellschaft erregte: Als der Karlsverein zur Wiederherstellung des Aachener Münsters 1885 einen Wettbewerb zur Gestaltung des westlichen Kirchenvorhofs im Sinne einer Rekonstruktion bzw. „historisch korrekten" Nachschöpfung des Atriums Karls des Großen ausschrieb, beteiligte sich auch der Aachener Architekturprofessor Johannes Ewerbeck. Buchkremer war als Mitarbeiter Ewerbecks an der Ausarbeitung des Entwurfs beteiligt, der unter den fünf eingereichten Wettbewerbsbeiträgen den ersten Preis erhielt. Realisiert wurde der Entwurf zwar nicht, doch sollte die Rekonstruktion des ehemaligen karolingischen Atriums Buchkremer bis an sein Lebensende begleiten; noch als 80-Jähriger wird er immer wieder mit kaum veränderten Details und nahezu identischem Blickwinkel Idealansichten des Westwerks und Atriums zeichnen, wie er es sich zur Karolingerzeit vorstellte.[4]

Nach dem Ende seines Studiums ließ sich Buchkremer als freier Architekt in Aachen nieder und erwarb 1891 die Lehrberechtigung für künstlerische Perspektive, Kunstgewerbe und Miniaturmalerei am Aachener Polytechnikum.[5] In der Folgezeit entwarf er zahlreiche Kirchen und Kapellen, auch in den Niederlanden, Belgien, Schweden und Dänemark, errichtete öffentliche Gebäude, auch Krankenhäuser, und Wohnhäuser (Villenkolonie in Koblenz). Beteiligt war er an der Restaurierung mehrerer Schlösser und Burgen (darunter Schloss Breill bei Geilenkirchen, Haus Hall bei Ratheim und Schloss Mheer in Limburg). Buchkremers Arbeiten waren der Zeit entsprechend dem eklektizistischen Historismus verpflichtet.

Am Aachener Münster übernahm Buchkremer Ende des 19. Jahrhunderts erste Arbeiten im Auftrage des Karlsvereins, dem seit 1849 institutionellen Träger der Münsterrestaurierung. Während der Karlsverein die Einwerbung der Finanzmittel aus privater und staatlicher Hand betrieb, oblag die Ausführung der Wiederherstellungsarbeiten damals den für die Aachener Regierung zuständigen preußischen Baubeamten, die neben ihren öffentlichen Bauten auch die Münsterrestaurierung zu begleiten hatten. Der Karlsverein bemühte sich allerdings auch, Kunstkenner und

---

4   Vgl. Joseph BUCHKREMER: 100 Jahre Denkmalpflege am Aachener Dom. Aachen 1955 (= Dom zu Aachen – Beiträge zur Baugeschichte III), S. 107.
5   Vgl. VAESSEN 1951, S. 127.

Architekten in eigenen Reihen zu versammeln, um sachkundig auf die Arbeiten einwirken zu können. Kleinere Arbeiten im Umfeld der Kirche wurden zudem unabhängig von staatlichen Vorgaben an freie, in Aachen ansässige Architekten vergeben. So erhielt Buchkremer – 1895 auch als Bauhistoriker mit seiner Arbeit über das Werk der beiden Aachener Architekten Johann Joseph und Jakob Couven hervorgetreten[6] – 1899 den Auftrag, die Fassade des Kapitelsaals in der nordöstlichen Domhof-ecke zu restaurieren. Zusammen mit dem Aachener Architekten Karl Schmitz unternahm Buchkremer erste archäologische Untersuchungen an dieser Stelle, die er zur Grundlage seiner Atriumsrekonstruktion machte.[7]

Im gleichen Jahr wurde Buchkremer mit der sogenannten „Wiederher-stellung" des Thrones im Hochmünster beauftragt, der noch hinter einer hölzernen Einhausung verborgen und dessen vorgelagerte Treppenanlage schadhaft war. In diese Maßnahme einbegriffen war die Rekonstruktion der Säulenstellung zur sogenannten „Kaiserloge", die sich westlich hin-ter dem Thron an den oberen Umgang anschließt.[8] Obwohl die letztge-nannte Rekonstruktion ohne staatliche Förderung durchgeführt wurde, musste die Planung vom zuständigen preußischen Kultusministerium begutachtet werden. Nachdem Buchkremer bei diesen beiden Restaurie-rungsprojekten seine Sachkompetenz unter Beweis gestellt hatte, wurde von ministerieller Seite zugestanden, dass er künftig als Sachverständi-ger zu den Restaurierungsarbeiten hinzugezogen werden sollte.[9] Damit befand sich Buchkremer – den Intentionen des Karlsvereins nach als des-sen Sprachrohr in den Sachverständigenrunden – mitten in den zahlrei-chen Konflikten, die sich um die grundsätzlichen Leitlinien der Ausge-

---

[6] Vgl. Joseph BUCHKREMER: Die Architekten Johann Joseph Couven und Jakob Cou-ven. In: Zeitschrift des Aachener Geschichtsvereins 17 (ZAGV) (1895), S. 89-206 (auch als Separatdruck Aachen 1896).

[7] Vgl. DERS.: Das Atrium der karolingischen Pfalzkapelle zu Aachen. In: ZAGV 20 (1898), S. 247-264 und DERS.: Zur Wiederherstellung des Aachener Münsters. Aachen 1904 (nachfolgend zitiert als Buchkremer 1904), S. 18-21.

[8] Vgl. DERS.: Der Königsstuhl der Aachener Pfalzkapelle und seine Umgebung. In: ZAGV 21 (1899), S. 135-194 und Buchkremer 1904, S. 22-26.

[9] Vgl. GStPK, Deutsches Zentralarchiv, Hauptabteilung I, Rep. 76-Ve, Sek. 14, Abt. VI, Nr. 36, III (Erhaltung der Bau- und Kunstdenkmäler in der Rheinprovinz und Hessen-Nassau, Bd. III, 1900-1904), fol. 42f. (7.10.1901).

staltung des Innenraumes von Oktogon und Sechzehneck wie um Detail-
fragen zwischen den beteiligten Institutionen, darunter vor allem der
Karlsverein, das Stiftskapitel und die Vertreter der Staatlichen Denkmalpflege in Düsseldorf und Berlin, entspannen.[10]

Frühe Restaurierungen des Aachener Münsters im 19. Jahrhundert

Seit der Mitte des 19. Jahrhunderts gab es in Aachen, getragen durch das
Stiftskapitel und den Karlsverein, die Bestrebung, die Münsterkirche
besonders in ihrem Inneren im mittelalterlichen Sinne zu rekonstruieren.
In einem ersten Schritt wurde 1869/70 die barocke Innendekoration, die
im ersten Drittel des 18. Jahrhunderts im karolingischen Bau ausgeführt
worden war, entfernt. Aufgrund der spärlichen Befundsituation mittelalterlicher Dekorationselemente ergingen sich die an dem Restaurations-
projekt beteiligten Interessengruppen dann aber in einer langwierigen
Diskussion um die inhaltliche Konzeption der Neuausstattung. In einem
ersten Schritt wurde die durch mittelalterliche und spätere Quellen überlieferte Kuppeldekoration 1880/81 nach einem im Detail freien Entwurf
des Belgiers Jean Bethune realisiert. Wegweisend für die weitere Gestaltung der Wanddekoration war die ebenfalls durch historische Vorgaben
bestimmte Materialwahl: Durch die Ausführung eines Mosaiks für die
Kuppeldekoration war der Grundstein für eine weitere musivische Ausstattung des Raumes gelegt.
Die unmittelbare Fortsetzung der Neudekoration der weiteren karolingischen Bauteile verzögerte sich, da sowohl über die inhaltliche Konzeption
der Dekoration als auch über deren Materialität eine heftige Auseinandersetzung begann. Nachdem bereits ältere Vorschläge für ein Ausstat-
tungsprogramm in formaler wie inhaltlicher Hinsicht nicht überzeugt
hatten, beauftragte der Karlsverein Jean Bethune damit, einen neuen Ge-
samtplan für das Oktogon zu erstellen. Aber auch seine Vorschläge fanden
wenig Akzeptanz. Ein 1885 durchgeführter Wettbewerb zur Münsterausstattung blieb mit nur einer Einsendung weit hinter den Erwartungen

---

[10] Vgl. hier und im Folgenden Pia HECKES: Die Mosaiken Hermann Schapers im Aachener Münster. In: Aachener Kunstblätter 52 (1984), S. 187-230, Ulrike WEHLING: Die
Mosaiken im Aachener Münster und ihre Vorstufen. Köln 1995 (= Arbeitsheft der
rheinischen Denkmalpflege 46) und Frank POHLE/Lydia KONNEGEN: Die Mosaiken im
Aachener Münster als Streitfall der Denkmalpflege im wilhelminischen Deutschland.
In: Geschichte im Bistum Aachen 8 (2005/06), S. 173 - 206 mit weiterführender Literatur.

zurück. Erst ein geladener Wettbewerb, der 1889 auf Betreiben des Karlsvereins durchgeführt wurde, erbrachte mit dem Entwurf des Hannoveraner Künstlers Hermann Schaper ein zur Realisierung angenommenes Dekorationsprogramm.

Nach der inhaltlichen und personellen Festlegung trat die Auseinandersetzung über die zur Ausführung zu wählenden Materialien, die zwar entsprechend der historischen Vorlage gewählt werden, aber auch innerhalb eines moderaten Kostenrahmens liegen sollten. Aufgrund des Fehlens eindeutiger Belege für eine komplette Marmor- und Mosaikausstattung des Münsters in karolingischer Zeit war die Entscheidung zugunsten einer Ausmalung des Raumes gefallen. Hermann Schaper allerdings forderte für sein Dekorationsprogramm Marmor und Mosaik, die er der Würde des Bauwerks und der Zeit Karls des Großen für angemessen ansah. Sowohl die für die Genehmigung der baulichen Arbeiten zuständigen Berliner Ministerien als auch die Instanzen der staatlichen Denkmalpflege sahen dies aber als völlig ahistorisch für den Aachener Bau an und verzögerten mit ihrer Position den Fortgang der Dekorationsarbeiten. Erst als Hermann Schaper 1899 mit dem Bau eines Münstermodells zur Darstellung seines Dekorationsentwurfes wieder die Initiative ergriff, dieses in einer Audienz Kaiser Wilhelm II. vorstellte und dadurch den Kaiser für die Ausführung des Projektes gewinnen konnte, kam wieder Bewegung in die Diskussion um die Münsterausstattung.

Im Auftrag des Karlsvereins erstellte Buchkremer 1900 in Zusammenarbeit mit dem von staatlicher Seite aus mit der Aufsicht der Münsterrestauration beauftragten Regierungs- und Baurat Joseph Kosbab sowie dem Vorstandsmitglied des Karlsvereins und Stadtverordneten Karl Schmitz ein Gutachten zur Ausschmückung des Aachener Münsters in mittelalterlicher Zeit. Lehnten die Berliner Denkmalpfleger bisher eine Ausstattung in Mosaik und Marmor als für Karls Zeit vollkommen hypothetisch ab – 1893 und 1898 legten sie ihre Position in ausführlichen Gutachten dar –, so präsentierte Buchkremer nun die gewünschten Befunde, die die ministeriellen Einschätzungen widerlegen sollten.

Als Grundlage dienten ihm die bei der Rekonstruktion der sogenannten Kaiserloge gemachten Beobachtungen der Gesims- und Wandbearbeitung. So vermerkte Buchkremer, dass er an mehreren Stellen im Mauerwerk, die bei der Überarbeitung der Wandflächen infolge der Abnahme des Barockschmucks weniger intensiv in ihrer Oberfläche verändert worden sind, Dübellöcher sowie Reste eines Bleivergusses festgestellt habe. Beides deutete er als Hinweis darauf, dass dort ehemals Marmorplatten befestigt waren. Dass er lediglich an einem Drittel der Wände Spuren für eine Marmorverkleidung belegen konnte, begründete Buchkremer damit, dass die musivische Ausstattung zu Zeiten Karls des Großen nicht vollendet werden konnte und der fragmentarische Zustand erst unter Otto III. durch eine repräsentative Ausmalung aufgehoben wurde.[11] Bedeutend komplizierter zu erbringen war der Beleg, dass die Bauzierelemente, wie Gesimse und Kämpfer, ursprünglich so in das Mauerwerk integriert waren, dass sie den Anschluss einer Marmorverkleidung zuließen, denn nahezu alle Gesimse wurden nach der Entfernung des Stucks 1869/70 erneuert und banden nun mit ihrem unteren Abschluss bündig in die Flucht der Wandfläche ein. Dennoch präsentierte Buchkremer Belege dafür, dass die alten Kämpfer so gestaltet waren, dass eine Marmorverkleidung ohne Schwierigkeiten hätte anschließen können. Zur Beweisführung legte Buchkremer auch eine Studie über eine Interieurdarstellung des Aachener Münsters nach dem niederländischen Maler Hendrik van Steenwijk – das sogenannte „Schleißheimer Bild" – vor, auf der das Aachener Münster vor der Anbringung der barocken Stuckdekoration dargestellt ist. Buchkremer meinte, an den Oktogonpfeilern deutlich eine Marmorvertäfelung erkennen zu können.[12]

---

[11] Vgl. Joseph Buchkremer: Zur Baugeschichte des Aachener Münsters. In: ZAGV 22 (1900), S. 198-271 und Buchkremer 1904, S. 34.

[12] Vgl. Buchkremer 1900, S. 200ff., Ders. 1904, S. 34f./43-52, Ders.: Über das Verhältnis der drei das Innere des Aachener Münsters darstellenden alten Gemälde zueinander. In: ZAGV 26 (1904), S. 344-354 und Ders.: Über das Verhältnis eines das Innere des Aachener Münsters darstellenden Kupferstiches zu den gleichartigen alten Gemälden. In: ZAGV 28 (1906), S. 466-470.

Abb. 2: Das Innere des Aachener Münsters 1585, Umzeichnung eines
Gemäldes von Hendrik van Steenwijk durch Joseph Buchkremer
(aus: Buchkremer 1904, S. 35).

Buchkremers Gutachten stärkte neben den Aktivitäten Schapers die Aachener Position, die eine musivische Dekoration befürwortete und die letztlich die ministeriellen Einwände und die Bedenken der staatlichen Denkmalpflege überwand. 1900 wurden Schapers Pläne zur Mosaizierung der Tambourwände des Oktogons mit der Darstellung eines um Maria und Johannes den Täufer erweiterten Apostelzyklusses genehmigt, der bis 1902 ausgeführt wurde. In dieser ersten Phase wurden auch die Marmortafeln in den Arkadenzwickeln und die Weiheinschrift unterhalb des Hauptgesimses ausgeführt. Die weitere Planung sah vor, dass nun sämtliche Wandflächen mit einer Marmorinkrustation versehen werden sollten.

Dies stellte die ausführenden Institutionen in Aachen aber vor nicht unbeträchtliche technische Probleme, wollte man doch stets einen Zustand herstellen, wie ihn auch Karl der Große hätte realisiert haben können. Wie aber waren im frühen Mittelalter Marmorplatten angebracht? Worauf war bei ihrem Zuschnitt zu achten? Welche Bezüge bestanden zwischen Marmorinkrustation und architektonischem Grundgerüst der Kirchenräume? Und wie ließen sich die Übergänge vom Marmor zum Mosaik gestalten? Wie waren Ecken zu lösen, in denen Platten sichtbar aneinander stoßen?

Um Antworten auf solcherlei Fragen zu erhalten, reiste Joseph Buchkremer im Frühjahr 1902 nach Norditalien mit dem Ziel, Studien an den dortigen frühmittelalterlichen sakralen Bauwerken durchzuführen.[13] Generalstabsmäßig vorbereitet mit genau umrissenem Reiseprogramm, in dem die spätantiken und mittelalterlichen Kirchen von Mailand, Venedig und Ravenna eine herausragende Position einnahmen, machte er sich auf den Weg. Nicht Goethes „Italienische Reise" oder Winckelmanns Kunstbetrachtungen dürften in seinem Reisegepäck gewesen sein, sondern allenfalls ein Baedeker und Unterlagen über Baudetails des Aachener Münsters, die ihm in den italienischen Kirchen Vergleiche ermöglichen konnten. Der Karlsverein zeigte sich Buchkremer zufolge nicht sehr großzügig, unterstützte er seine Reise doch nur mit einem Zuschuss von 300,- Mark – gerade genug, „um einen Photoapparat zu kaufen".[14]

Die Studienreise nach Italien

Buchkremer stand mit seiner Studienreise 1902 bereits in einer lokalen Aachener Tradition, denn schon Hugo Schneider, Jean Bethune und Hermann Schaper waren in Vorbereitung ihrer Entwürfe für die Mosaikausstattung des Aachener Domes auf Reisen gegangen oder geschickt worden.[15] Bethune etwa arbeitete sich von Mailand über Venedig, Ravenna und Rom bis nach Monreale auf Sizilien vor und fertigte Skizzen spätantiker und mittelalterlicher Mosaikkunst an, Schaper fuhr später sogar nach Konstantinopel und Jerusalem, um seine Mosaikstudien zu vervollständigen. Buchkremer hatte es im Vergleich zu Bethune 1902 aber schon vergleichsweise bequem, konnte er doch auf ein inzwischen gut ausgebautes Eisenbahnnetz zurückgreifen und seine Reise mit dem Fahrplan im Voraus organisieren. Am 18. April 1902 bestieg er am Aachener Hauptbahnhof den Zug Richtung Süden.

---

13 Noch Joseph BUCHKREMER: Das Theoderich-Denkmal in Ravenna. In: Zentralblatt der Bauverwaltung 56 (1936), S. 1329-1344, hier S. 1329 nennt als Zielsetzung der Reise die „Erforschung von San Vitale in Ravenna und anderer der Aachener Pfalzkapelle verwandter Kirchen".
14 BUCHKREMER 1993, S. 30.
15 Vgl. WEHLING 1995, S. 66, 73, 98 und 111.

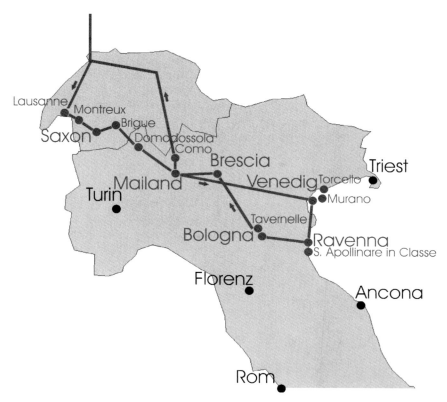

Abb. 3: Die Reiseroute Buchkremers 1902 (Zeichnung F. Pohle)

Er begann die Reise jedoch mit einem seinerzeit ungewöhnlichen Um-
weg: Von Basel aus, wo er Schweizer Boden betrat, fuhr er zunächst nach
Lausanne am Genfer See und setzte seine Reise dann über Montreux ins
Wallis fort.

Er wollte in dem Ort Saxon die Steinbrüche besichtigen, aus denen der
Cipolinmarmor für die Wandinkrustation des Aachener Münsters gewonnen wurde. Er schildert, wie die Blöcke in Stollen gebrochen und „mit
einer primitiven Drahtseilbahn"[16] ins Tal gebracht werden. Erst von hier
aus wandte sich Buchkremer auf dem kürzesten Weg nach Italien: Mit
der Bahn nach Brieg, dann per Postkutsche und Schlitten unter schwieri-
gen Verkehrsverhältnissen über den Simplon. Nach kurzem Aufenthalt in

---

[16] ADA, Reisebericht 1902, S. 4.

Domodossola erreichte er am Abend Mailand, wo er zwei Tage Quartier bezog und erste Besichtigungen vornahm. In Sant'Ambrogio interessierte ihn besonders das Grabmal des 882 verstorbenen Erzbischofs Ambertus im südlichen Seitenschiff.

Abb. 4: Joseph Buchkremer, Grabmal des Erzbischofs Ambertus in S. Ambrogio, Mailand (ADA, Reisebericht 1902, S. 29).

Seine Anordnung in einer Wandnische und sein Aufbau entsprach dem, was sich Buchkremer für die Arkosol-Grabanlage Karls des Großen in Aachen vorstellte. Darüber hinaus hielt er den Bischofsthron in einer flüchtigen Skizze fest, wobei er als Architekt den Blick für das Detail beweist und sich sofort Gedanken zu einem mit Mörtel gefüllten Loch zu

Füßen des Thrones macht – stand hier ein Leuchter? Oder ein Lesepult?[17] Von der von Bramante gründlich umgebauten Kirche San Satiro, einem Zentralbau aus dem 9. Jahrhundert, entwirft er ganz mit dem Blick des Bauforschers eine Rekonstruktion des Außenbaus vor der Erhöhung der zentralen Kuppel.[18]

Abb. 5: Joseph Buchkremer, Bischofsthron in S. Ambrogio, Mailand (ADA, Reisebericht 1902, S. 31).

---

[17] Vgl. EBD., S. 29 und 31.
[18] Vgl. EBD., S. 33-36.

Vom 23. April bis 2. Mai machte Buchkremer in Venedig Station, um dort intensive Studien in San Marco zu betreiben.[19] Eine Würdigung des Raumes, der reichen Kirchenschätze oder der berühmten Rosse über der Eingangsfassade der Basilika sucht man in Buchkremers Reisebericht aber vergebens. Er betritt – und das ist typisch für weite Teile seiner Reiseaufzeichnungen – den Kirchenraum sogleich mit einem eng fokussierten Blick auf das, was ihn über die Alpen geführt hat – auf die Marmorinkrustationen. In ästhetischer Hinsicht wird ihm deutlich, dass ein harmonisches, dekoratives Bild nur zu erreichen sei, wenn mehrere aufeinanderfolgende Platten aus einem Block geschnitten und die gezeigte Marmoräderung somit über größere Flächen gleichförmig beziehungsweise spiegelbildlich aufeinander bezogen werden kann.[20] Auch vermerkt er, dass die stark geäderten Platten gegen das natürliche Lager geschnitten wurden, um somit die Maserung des Materials besonders zur Geltung zu bringen – Informationen, die für die Bestellung der Aachener Platten von Wert waren.[21]

Auch mit historischen Reparaturen setzt er sich auseinander, hält etwa die Verwendung mehrerer Marmorplatten aus einem beschädigten Steinblock fest, dessen Flickstelle über eine längere Strecke kleiner wird, und befasst sich eingehend mit der Befestigungsform der Marmorplatten.[22] Er erkennt, dass sie nicht direkt auf der Wandfläche aufliegen, sondern in einem Abstand zu dieser montiert werden, so dass sich ein Luftraum ergibt und ein Schwitzen des Materials bei Temperaturschwankungen durch die direkte Auflage des Marmors auf der Wandfläche unterbunden wird.[23] Auch die Methode der Verdübelung der Platten mit in der Wand vergossenen Haken skizzierte Buchkremer detailliert. Alternative Befestigungen hielt Buchkremer ebenso fest, wie die wenig auffälligen Nägel, mit denen die Platten im unteren Bereich nochmals an der Wand befestigt sind. Von der originalen, versteckt liegenden Montage der Marmorinkrustation zeigte sich Buchkremer sehr begeistert, da die Zielsetzung der Dekoration flächenhafte Wirkung des Materials sei und nichts an die

[19] Vgl. EBD., S. 45-64.
[20] Vgl. EBD., S. 45f.
[21] Vgl. EBD., S. 45 und GStPK, Deutsches Zentralarchiv, Hauptabteilung I, Rep. 76-Ve, Sek. 14, Abt. VI, Nr. 36, III, fol. 106v/112v.
[22] Vgl. ADA, Reisebericht 1902, S. 46f. und GStPK, Deutsches Zentralarchiv, Hauptabteilung I, Rep. 76-Ve, Sek. 14, Abt. VI, Nr. 36, III, fol. 110v.
[23] Vgl. ADA, Reisebericht 1902, S. 142 und 166.

*Abb. 6: Joseph Buchkremer, Innenansicht von S. Marco, Venedig
(DAA, Nachlass Buchkremer, Mappe 17).*

Struktur des Ganzen erinnern sollte.[24] Ein weiterer Aspekt, dem Buchkremer seine Aufmerksamkeit schenkte, ist der Eckverband der Marmorplatten an den Pfeilerkanten, die an den zum Mittelschiff hin liegenden Pfeilern in der Regel auf Gehrung geschnitten und an den anderen Pfeilern auf einfachen Verband gegeneinander gestellt sind – ein Verfahren, das er auch für Aachen umgesetzt sehen wollte.[25]

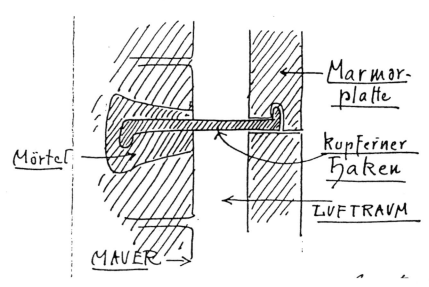

Abb. 7: Joseph Buchkremer, Befestigung einer Marmorplatte in
S. Marco, Venedig – ein typisches Beispiel für die zahllosen technischen
Zeichnungen, die Buchkremer auf seiner Italienreise anfertigte
(ADA, Reisebericht 1902, S. 48).

In seine Darstellung nahm Buchkremer ebenfalls Gesimse und Marmorleisten auf, die, als Zierelemente ausgebildet, die Marmordekoration zusätzlich ergänzen. Die kostbaren Cosmatenfußböden finden seine Anerkennung, und so lobt Buchkremer diese handwerklich sehr aufwändige Arbeit gegenüber den aus maschinell geschnittenem Material gefertigten neuen Fußböden.[26]

---

[24] Vgl. EBD., S. 48-53 und GStPK, Deutsches Zentralarchiv, Hauptabteilung I, Rep. 76-Ve, Sek. 14, Abt. VI, Nr. 36, III, fol. 107 und 110f.
[25] Vgl. ADA, Reisebericht 1902, S. 53.
[26] Vgl. EBD., S. 63f.

Neben seinen bauhistorischen Aufnahmen und bautechnischen Studien in San Marco fand Buchkremer auch noch die Zeit, einen Marmorhandel aufzusuchen[27] und Detailstudien landesüblicher Architekturelemente wie Balkone, Brunnen und Laternen anzufertigen – Zeichnungen, die sich aus dem Zweck der Reise nicht ergeben, aber ebenso aufmerksam durchgeführt sind wie die Kirchenstudien.[28]

Von Venedig aus besuchte Buchkremer die vorgelagerte Insel Torcello, wo sich von der ehemaligen großen Siedlung die Kathedralkirche Santa Maria Assunta sowie die Kirche Santa Fosca erhalten haben. In der Kathedrale sind es zunächst die Baudetails, wie Kapitelle und die marmornen Brüstungsgitter, die Buchkremers Aufmerksamkeit erhalten und die er im Detail festhält. Eingehender beschäftigte er sich mit dem Ambo und der alten, hochgetreppten Choranlage mit der Kathedra. Das mittelalterliche Mosaik der Westfront findet kaum Beachtung, und zur vorhandenen Marmorverkleidung der Wände wird lediglich konstatiert, dass die Montage derjenigen in San Marco entspreche. In Santa Fosca war es vor allem die Anlage der zentralen Kuppel über dem kreuzförmigen Grundriss des Raumes, die Buchkremer studierte und deren Konstruktionsprinzip er festhielt. Wenn deren Durchmesser auch ungleich kleiner dem der Aachener Kuppel ist, so reizten ihn hier ganz offensichtlich Fragen technischer Vergleichbarkeit.[29]

Nach den eingehenden Studien in Venedig reiste Buchkremer am 2. Mai 1902 weiter nach Ravenna, wo er bis zum 9. Mai Quartier bezog. Der Reisebericht vermerkt: „Grand Hotel Byron, Pension 10 Lire".[30] Der einwöchige Aufenthalt in Ravenna stellte mit dem Studium von San Vitale den Höhepunkt der Italienreise dar, der sich insbesondere dadurch erfolgreich gestaltete, dass Buchkremer von Corrado Ricci freundlich aufgenommen und herumgeführt wurde. Ricci (1858-1934), wenig älter als Buchkremer, war der Ausbildung nach zwar Maler und Jurist, hatte aber seit Beginn seiner Karriere im Dienst des italienischen Staates vor allem Posten in der Kulturverwaltung inne – als Direktor der Museen in Modena und Parma, als Leiter der Mailänder Brera und als Soprintendente ai Monumenti di Ravenna, also als oberster Denkmalpfleger der Stadt und der Provinz Ravenna. 1903 sollte Ricci die Leitung der Uffi-

---

[27] Vgl. EBD., S. 8.
[28] Vgl. EBD., S. 69-76.
[29] Vgl. EBD., S. 77-88.
[30] EBD., S. 11. Zu Ravenna vgl. ebd., S. 97-219.

Venedig

Laternen-Häuschen an
den Hauptlagestellen der
Gondeln. (meist grün
angestrichen mit Vergoldung.)

29 IV 02
J. B.

*Abb. 8: Joseph Buchkremer, Laternen in Venedig
(ADA, Reisebericht 1902, S. 69).*

zien in Florenz übernehmen, 1906 die Leitung der Generaldirektion für Altertümer und Schöne Künste in Rom, wodurch er oberster Denkmalpfleger über ganz Italien wurde und für die Herausbildung der italienischen staatlichen Denkmalpflege von herausragender Bedeutung war.[31]

Abb. 9: Joseph Buchkremer, Dom und Baptisterium, Ravenna
(DAA, Nachlass Buchkremer, Mappe 17).

[31] Zu Leben und Werk Corrado Riccis vgl. In memoria di Corrado Ricci. Un saggio inedito – nota delle pubblicazioni – scritti di amici e collaboratori. Rom 1935 sowie

1902 trat Ricci Buchkremer also als der Mann gegenüber, der für die Denkmäler Ravennas zuständig war, welche er gerade einer ausführlichen, von Bauforschungen begleiteten Restaurierung unterzog und dabei für seine Zeit im Hinblick auf das Reflexionsniveau, auf die Sorgfalt der Untersuchungen und die Methode der Restaurierungen Vorbildliches leistete. Und Buchkremer hatte wohl den Eindruck, einem Seelenverwandten gegenüber zu treten![32] Er verweist in seinem Bericht auf einen regen Austausch mit Ricci, der im Rahmen der von ihm geleiteten Restaurierungsarbeiten an den ravennatischen Kirchen genaue Kenntnisse über die Montageformen der Marmorverkleidungen in den frühmittelalterlichen Kirchen gewonnen hatte und diese mit seinem Besucher aus Deutschland diskutierte. Das Hauptaugenmerk legte Buchkremer selbstverständlich auf die dem Aachener Münster so ähnliche Kirche San Vitale, wobei er in seiner Darstellung bereits zwischen der mittelalterlichen und der im 16. Jahrhundert hinzugefügten Marmordekoration differenzierte.[33] Als wahrscheinlich ursprünglich (zumindest als älteste Form) nimmt Buchkremer die Verkleidung des unteren Umgangs und der Oktogonpfeiler im Untergeschoss sowie die der Chorconche an und widmete ihr besondere Aufmerksamkeit. Sehr detailliert beschreibt Buchkremer die Befestigung der Marmorplatten, die original mit Kupferhaken geschah, welche im montierten Zustand unsichtbar sind. Sichtbare Dübel schreibt Buchkremer späteren Reparaturen der Marmorverkleidung zu.[34]

---

jüngst Nora LOMBARDINI/Paola NOVARA/Stefano TRAMONTI (Hrsg.): Corrado Ricci. Nuovi studi e documenti. Convegno „Corrado Ricci" nel Centenario della Soprintendenza di Ravenna, svoltosi a Ravenna nell'Aula Magna della Casa Matha il 1 novembre 1997. Ravenna 1999 (= Biblioteca di Ravenna, studi e ricerche 4) und Andrea EMILIANI/Donatino DOMINI (Hrsg.): Corrado Ricci, storico dell'arte tra esperienza e progetto. Atti del convegno tenutosi a Ravenna il 27 e 28 settembre 2001. Ravenna 2004 (= Interventi Classensi 21).

[32] Vgl. ADA, Reisebericht 1902, S. 11 und 137. Buchkremer 1936, S. 1329 wies noch darauf hin, wie er „durch persönlichen Kontakt mit Corrado Ricci die alten Baudenkmale von Ravenna genau kennen" lernte.

[33] Vgl. ADA, Reisebericht 1902, S. 139-142.

[34] Vgl. EBD., S. 166f.

Abb. 10: Joseph Buchkremer, S. Vitale, Ravenna
(DAA, Nachlass Buchkremer, Mappe 17).

Für San Vitale und das nebenliegende Grabmal der Galla Placidia hatte
Ricci anhand der vorgefundenen Dübellöcher den ehemaligen Zuschnitt
der Wandverkleidung aufgenommen und nach Einschätzung von Buchkremer somit die Grundlage für die Wiederanbringung der Marmorplatten geschaffen – ein Verfahren, von dem sich Buchkremer nach seinen
Aachener Löcherfunden 1899 ebenfalls etwas versprach.[35]

---

[35] Vgl. EBD., S. 135 und 164f. sowie GStPK, Deutsches Zentralarchiv, Hauptabteilung I,
Rep. 76-Ve, Sek. 14, Abt. VI, Nr. 36, III, fol. 107v-109r.

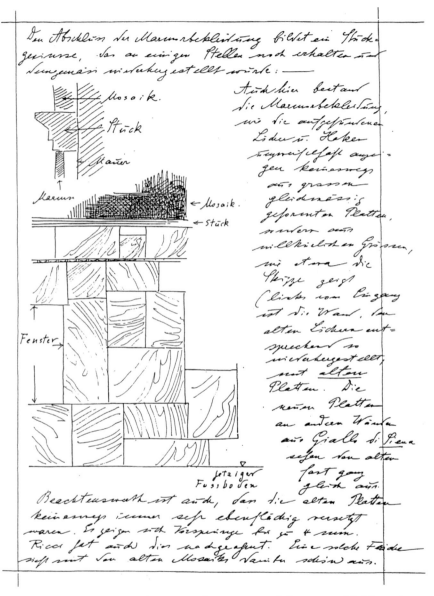

*Abb. 11: Joseph Buchkremer, rekonstruierte Marmorverkleidung im
Mausoleum der Galla Placidia, Ravenna
(ADA, Reisebericht 1902, S. 135).*

Über die Montage hinaus interessierte sich Buchkremer auch für das dekorative Prinzip der Wandverkleidung in Ravenna. So berichtet er, dass durch den bewussten Einsatz mehrerer Platten in gleicher Maserung eine Strukturierung der Wand- und Pfeilerflächen erzielt wird, indem im mittleren Feld die Platten ihrer Maserung folgend spiegelbildlich gesetzt und im Sockel und oberen Abschlussbereich ein umlaufendes Band gestaltet wird. Hinzu tritt der Wechsel zwischen einer ruhigen, flächigen Dekoration und einer spannungsreicheren Motivik, wobei letztere durch die Verwendung andersfarbiger Materialien und unterschiedlicher Plattengröße sowie eines zusätzlichen mittleren Dekorstreifens erreicht wird. Dem Architekten Buchkremer entgeht auch nicht, dass mit der Plattenaufteilung und den zusätzlich angebrachten Marmorriemchen Bezug auf die Raumarchitektur genommen wird. So richten sich Höhenlinien der Platten, die durch Riemchen betont werden, nach anderen Architekturgliedern, als die Höhenlinie der Kapitelle.[36]

Für den ursprünglichen Zustand der Außenwände des unteren Umgangs von San Vitale gibt Buchkremer eine Rekonstruktion aus der Hand Riccis an, der analog zu den vorhandenen Wandverkleidungen unter Berücksichtigung der durch die Dübellöcher vorgegebenen Proportionen ein Wandfeld aus Gips provisorisch hat anfertigen lassen.[37] Buchkremer verweist darauf, dass die im hergestellten Probefeld mit einer gewissen Strenge ausgeführte regelmäßige Anordnung der nahezu gleich großen Marmorplatten nicht die ursprüngliche ist, sondern die Ausführung einer späteren Zeit. Anhand der Dübellöcher rekonstruierte Ricci, dass zunächst Marmorplatten unterschiedlicher Größe ohne dekoratives Prinzip montiert waren. Diese Annahme sah Ricci durch Befunde im Grabmal der Galla Placidia bestätigt, deren Bodenniveau er auf das ursprüngliche absenkte und dabei Reste von Marmorplatten aus Giallo antico fand. Im Grabmal hatte Ricci die unregelmäßige Hängung bereits an einer Wand rekonstruiert.[38]

---

[36] Vgl. ADA, Reisebericht 1902, S. 167f.
[37] Vgl. EBD., S. 164f.
[38] Vgl. EBD., S. 135.

*Abb. 12: Joseph Buchkremer, rekonstruierte Marmorverkleidung in
S. Vitale, Ravenna (ADA, Reisebericht 1902, S. 165).*

Neben den musivischen Arbeiten hebt Buchkremer auch die sehr umfangreichen Stuckarbeiten hervor, die in den Gesimsen eingesetzt wurden.
Buchkremer schließt, dass die Stuckverzierungen nach der Inkrustation,
aber deutlich mit Bezug auf diese entstanden und somit deutlich wird,
dass Kämpfer und Gesimse nie von einer Marmorverkleidung überdeckt

worden sind – eine Beobachtung, die in die Ausstattung des Aachener Domes einfloss.[39]

Allein oder in Begleitung Riccis besuchte Buchkremer mehrere weitere Kirchenbauten Ravennas und scheute auch den Weg nach Sant'Apollinare in Classe nicht. Bei Sant'Apollinare Nuovo entdeckte er eine Säule, die von einem Kreuz auf einem Pinienzapfen bekrönt wird – was in ihm wohl Überlegungen zum Aachener Pinienzapfen weckte.[40] Seiner Verbundenheit zu seinem Gastgeber Ricci scheint er in einer Zeichnung besonderen Ausdruck gegeben zu haben: Er skizzierte den „Backstein-Camin am Hause C. Ricci via Paolo Costa".[41]

Nach einer Woche verließ Buchkremer Ravenna in Richtung Bologna, wo er sich zwei Tage lang aufhielt.[42] Er besuchte dort insbesondere San Sebastiano mit seiner ottonischen Heiliggrabkapelle und die mit dem Komplex verbundene Kirche San Pietro e Paolo wegen ihrer mit einem geöffneten Tympanon versehenen Portale; umfassender beschäftigte er sich noch mit der Kirche von Sacerno unweit von Tavernelle bei Bologna, einem Bau, bei dem eine frühmittelalterliche Rotunde im 12./13. Jahrhundert zu einem Kirchturm ausgebaut wurde.[43] Buchkremer analysiert das Mauerwerk und rekonstruiert kurzerhand den frühmittelalterlichen Zustand zeichnerisch – ein Zentralbau mit Wandnischen, der ihn wegen der zeitlichen Nähe zum Aachener Münster besonders interessierte und zu seinem nächsten Reiseziel überleitete, dem alten Dom von Brescia.

Die am Ende des ersten Jahrtausends errichtete Kathedralkirche zu Brescia ist als Zentralbau über einem kreisförmigen Grundriss mit einem durch acht Stützen getragenen Mittelraum und einer umlaufenden, leicht erhöhten Galerie gestaltet. Wie andernorts so befasste sich Buchkremer auch hier mit dem Gewölbesystem des Umgangs, das, ähnlich dem im Aachener Münster, eine Abfolge von quadratischen und dreieckigen Gewölben zeigt. Durch sein Studium vor Ort sieht Buchkremer die

---

[39] Vgl. EBD., S. 161-164 und GStPK, Deutsches Zentralarchiv, Hauptabteilung I, Rep. 76-Ve, Sek. 14, Abt. VI, Nr. 36, III, fol. 109.

[40] Vgl. ADA, Reisebericht 1902, S. 113.

[41] EBD., S. 15. Noch vor 1904 war Corrado Ricci seinerseits in Aachen und hat unter Buchkremers Führung den Dom besichtigt. Vgl. Buchkremer 1904, S. 38.

[42] Vgl. EBD., S. 89-92.

[43] Vgl. EBD., S. 93-96.

Abb. 13: Joseph Buchkremer, S. Giacomo Maggiore, Bologna
(DAA, Nachlass Buchkremer, Mappe 17).

Annahme widerlegt, dass die Kathedrale zu Brescia in wesentlichen konstruktiven Prinzipien dem Aachener Münster folgt, wodurch sie in der weiteren Aachendebatte als Vergleichsbeispiel ausscheidet.[44]

Von Brescia aus fuhr Buchkremer über Mailand nach Como, der letzten Station seiner Reise. Sein Besuch galt der Kirche San Fedele, einer dreischiffigen Basilika aus dem 13. Jahrhundert, deren Querhausabschlüsse an den Wandaufriss des Aachener Oktogons erinnern. Sie werden aus jeweils drei Seiten eines Oktogons gebildet und lehnen sich in ihrer Zweigeschossigkeit und Gewölbestruktur stark an die Disposition des Aachener Münsters an, so dass Buchkremer San Fedele in der Nachfolge des Karolingerbaus sieht. Besonderes Augenmerk lenkt Buchkremer auf die ausgeführte Bauzier, und dabei insbesondere auf die Gestaltung der Kämpfergesimse im unteren Umgang, die im Unterschied zum Aachener Münster auch auf der zum Umgang liegenden Pfeilerseite komplett geschlossen sind.[45]

Am 14. Mai 1902 schließlich bestieg Buchkremer in Mailand den Zug, der ihn über Basel nach Aachen brachte, so dass der Dombaumeister am 15. Mai nach fast einmonatiger Reise wieder die Heimat erreichte.

Auffällig ist, wie zweckorientiert die ganze Reise Buchkremers angelegt war. Seine Interessen scheinen vollständig mit denen des Karlsvereins zu verschmelzen, im Blick der Darlegungen selbst des Reiseberichtes, der für einen Verbleib in der Familie bestimmt war, stehen nahezu ausschließlich Fragen, die für die Arbeiten in Aachen von Nutzen waren. Landschaftliche Eindrücke sowie atmosphärische Wahrnehmungen verarbeitet Buchkremer nur in Ansätzen. Sie finden sich im ersten Teil seines Reiseberichts, in dem er den Reiseverlauf skizziert.[46] Er verzeichnet dort neben den einzelnen Stationen der Reise seine jeweilige Aufenthaltsdauer, die wichtigsten studierten Bauwerke sowie einige wenige Impressionen zur Landschaft, Bevölkerung und Kultur. Als Zeichnender lobt er mehrfach die Qualität des Lichts und die von diesem hervorgerufene Stimmung.

In Venedig ist es eine Illumination aus Anlass der Taufe eines Kriegsschiffes, die ihm einen „äußerst malerischen Anblick"[47] bietet, durchgeführt bei vollem Mondschein, als farbenprächtige Beleuchtung insze-

---

[44] Vgl. EBD., S. 37-44.
[45] Vgl. EBD., S. 21-28.
[46] Vgl. EBD., S. 3-20.
[47] EBD., S. 8.

niert und mit einem Feuerwerk abgeschlossen, dem er auf der Piazzetta am Dogenpalast beiwohnte. Von den atmosphärischen Eindrücken legen auch die Zeichnungen Buchkremers Zeugnis ab, mit denen er diesen Teil seines Reiseberichts illustrierte. Mit leichter Hand skizzierte er neben den zahllosen technischen Zeichnungen genrehaft eingefärbte Szenerien, wie die Schiffer mit ihren Boten am Anleger in Burano.[48]

Abb. 14: Joseph Buchkremer, Burano (ADA, Reisebericht 1902, S. 8).

So manche Zeichnung ist idealisiert: Seine Impressionen von Torcello etwa lassen nichts von den stürmischen Wetterverhältnissen erahnen, die eine Überfahrt per Dampfer unmöglich machte, so dass Buchkremer die Insel nur per Barke anfahren konnte.[49] Dass sich Buchkremer in Venedig einen Nachmittag Zeit nahm, um in den Straßen Details zu zeichnen,[50] verrät aber, dass seine Berührtheit durch die südländische Lebensweise doch tiefer ging, als seine nüchternen Berichte vermuten lassen, und in Ravenna hebt er beim Anblick des abendlichen Treibens auf der Piazza Vittorio Emmanuele das Malerische der Szene hervor, beeindruckt von dem Farbenspiel der rotbraunen Häuser vor dem tief indigofarbenen

---

[48] Vgl. EBD..
[49] Vgl. EBD., S. 9f.
[50] Vgl. EBD., S. 10.

Abendhimmel.[51] Es verrät auch, wie sehr sich Buchkremer das fremde Land mit dem Blick des Zeichners und Malers auf der Suche nach Motiven erschloss. Es ist daher sehr zu bedauern, dass die Fotografien, die er auf seiner Reise ebenfalls anfertigte, bislang nicht aufgefunden werden konnten.

Abb. 15: Joseph Buchkremer, Torcello (ADA, Reisebericht 1902, S. 7).

Der Einfluss der Studienergebnisse auf die Münsterrestauration

Abschließend sei auf einige Ergebnisse und Folgen hingewiesen, die die Italienfahrt Buchkremers für das Aachener Münster wie für die bauhistorische Forschung hatte. Beeindruckend und erstaunlich nämlich ist die Fülle des wissenschaftlichen Materials, das Buchkremer in so kurzer Zeit zusammentrug.[52] Es floss unmittelbar in ein technisches Gutachten ein, das er für die Abteilung für Bauwesen des preußischen Ministeriums für Öffentliche Arbeiten erstellte. Darüber hinaus veröffentlichte Buchkremer seine Erkenntnisse teilweise in einem Artikel in den Berichten über die Tätigkeit der Provinzialkommission 1902, der im gleichen Jahr

---

[51] Vgl. EBD., S. 11. Auch Brieg im Wallis wird von Buchkremer als „malerisch" charakterisiert, auf dem Weg vom Simplon nach Domodossola ergaben sich für ihn „die herrlichsten Bilder" usw.

[52] Vgl. VAESSEN 1951, S. 129.

auch in den Bonner Jahrbüchern erschien.[53] Seine Vorschläge für die Anbringung der Marmorplatten wurden bei der Ausstattung des Domes ebenso berücksichtigt wie seine Empfehlungen für eine Verwendung von Marmorplatten, die teils mit, teils gegen das Lager geschnitten sind und daher teils ein krauses Muster, teils eine stärker lineare Musterung aufweisen. Inwieweit Buchkremers Kritik daran, dass die Aufteilung der Marmorplatten immer die gleiche sei und somit eine Monotonie eintrete, die durch die wenig abwechslungsreichen Marmorprofile noch verstärkt werde,[54] Gehör fand, ist unklar. Seine Mahnung, dass doch mit mehr Ruhe und Zeit die Materialauswahl betrieben werde, ganz so, wie er dies in Italien (bei Corrado Ricci) kennen gelernt habe, stieß hingegen auf offene Ohren.

Das äußerst ambitionierte, mit zahlreichen Illustrationen versehene Gutachten für das preußische Ministerium zeigt deutlich, dass Buchkremer sich als Experte für die Ausführung der musivischen Dekoration zu empfehlen gedachte, wodurch ein weiteres Motiv des Architekten für diese Reise deutlich wird: Im Laufe des Sommers 1902 kamen der Karlsverein und die staatlichen Behörden darin überein, dass die intensivierten Arbeiten im Aachener Münster der ständigen Aufsicht eines Bauführers bedurften. Zur Anstellung wurde dann allerdings nicht Buchkremer, sondern der in Berlin wohnhafte Regierungs-Bauführer Erich Schmidt vorgeschlagen;[55] erst 1917 konnte Buchkremer nominell als Münster-

---

[53] Vgl. Joseph Buchkremer: Aachen, Wiederherstellung und Ausschmückung der Münsterkirche. In: Berichte über die Thätigkeit der Provinzialkommission für die Denkmalpflege in der Rheinprovinz 7 (1902), S. 4-24.

[54] Vgl. ADA, Reisebericht 1902, S. 54ff. und GStPK, Deutsches Zentralarchiv, Hauptabteilung I, Rep. 76-Ve, Sek. 14, Abt. VI, Nr. 36, III, fol. 112v-114v.

[55] Vgl. GStPK, Deutsches Zentralarchiv, Hauptabteilung I, Rep. 93 B, Nr. 2594, fol. 119-120 (28.9.1902). Dass Buchkremer mit dieser Aufgabe nicht betraut wurde, lag zum einen darin begründet, dass zunächst nur an die Übernahme der Bauleitung gedacht war, die eine wissenschaftliche Qualifikation nicht voraussetzte. Zum anderen erfüllte Buchkremer aufgrund seiner Ausbildung nicht die Kriterien zur Anstellung im preußischen Staatsdienst, und von staatlicher Seite aus war sicherlich daran gedacht, einen eigenen Beamten in verantwortlicher Position vor Ort zu haben. Erich Schmidt entwickelte sich in seinen Aachener Jahren zu einem profunden Kenner des Aachener Münsters und bat nach seiner Prüfung zum Regierungs-Baurat darum, wieder nach Aachen zurückkehren zu dürfen, um die Arbeit an der Münsterkirche fortsetzen zu können. Joseph Buchkremer blieb als Bausachverständiger des Karlsvereins weiterhin den Arbeiten am Münster verbunden. Nach einer anfänglichen kollegialen Zusammenarbeit mit Schmidt kam es im Laufe der Zeit zu einem unüberwindbaren Zerwürfnis, was 1914 zum Weggang Schmidts führte.

baumeister die Verantwortung für die Restaurierung der Münsterkirche übernehmen, eine Position, auf die er wohl schon bei seiner Italienfahrt spekuliert hatte.

Als späte Frucht seiner Italienfahrt veröffentlichte Buchkremer 1936 im Zentralblatt der Bauverwaltung einen Artikel zum Theoderich-Grabmal, das er während seines Aufenthalts in Ravenna eingehend studiert und mit Unterstützung eines Mitarbeiters aufgemessen hatte. Stolz vermerkt er im Bildnachweis, dass er fast alle Abbildungen selbst gezeichnet habe – sie gehen auf diejenigen Skizzen zurück, die Buchkremer 1902 in Italien gefertigt hatte.[56]

Der um 520 von Theoderich in Auftrag gegebene Grabbau entstand als zweigeschossiger Zentralbau über einem zehneckigen Polygon und schließt mit einer innen ausgehöhlten Monolithkuppel ab. Der überlieferte Baubestand des Grabmals wird heute als der eines unvollendeten Bauwerks angesehen, wohingegen frühere Generationen von Bauforschern die These vertraten, dass das Bauwerk einst vollendet gewesen sei und dann durch Substanzverluste einen fragmentarischen Charakter erhalten habe.[57]

Auch Buchkremer legte 1936 einen Rekonstruktionsversuch vor.[58]

---

[56] Vgl. BUCHKREMER 1936, S. 1344 und zum Theoderichgrabmal in ADA, Reisebericht 1902, S. 173-219.

[57] Vgl. einführend Giuseppe BOVINI: Il mausoleo di Teodorico. Ravenna 1977 (= Quaderni di antichità romane, cristiane, bizantine, altomedioevali, NS 6) und Wanda GADDONI: Il mausoleo di Teodorico. Imola 1989.

[58] In seinen einleitenden Worten verwies Buchkremer darauf, dass die in seinem Beitrag präsentierten Ergebnisse seiner Bauanalyse auf seine Studienreise im Jahre 1902 zurückgehen und nun 33 Jahre nach deren Erhebung in Druck gegeben werden können. Buchkremer präsentiert eine Rekonstruktion der äußeren Gestalt des Obergeschosses in Form einer enggestellten, tonnenüberwölbten Bogenstellung mit je drei Arkaden an neun Seiten des Zehnecks. Den geraden Abschluss oberhalb der Gewölbe motiviert Buchkremer mit dem Hinweis auf das Mosaikbild mit der Darstellung des Theoderich-Palastes in Sant'Apollinare Nuovo, wo das gleiche Architekturmotiv an den Seitenflügeln des Bauwerks gezeigt wird. Für die obere Eingangstür unterbricht Buchkremer die umlaufende Bogenstellung und wählt an dieser Stelle eine breitere Säulenstellung mit einem Flachbogen, der von einem leichten Spitzgiebel bekrönt wird, der in seiner Höhe über die seitlichen Bogenstellungen hinaustritt. In seinem Entwurf gibt Buchkremer dem ganzen Bauwerk eine ringsum wirkende Gesamtform, die er einer reichen steinernen Krone gleichsetzt.

Abb. 16: Joseph Buchkremer, Rekonstruktion des Theoderich-Grabmals,
Ravenna (aus: Buchkremer 1936).

Nach einer Auflistung kleinerer Beobachtungen zur Bautechnik und
Bauzier, die sein genaues Auge und sein klares Verständnis für die
Bautechnik verraten, diskutiert Buchkremer die bis 1935 vorgelegten
deutschen Forschungsarbeiten zum Theoderichbau und korrigiert die ein
oder andere vorgetragene These aufgrund seiner eigenen Erkenntnisse.
Besonders vehement setzt er sich mit der vom renommierten Hannoveraner Bauforscher Albrecht Haupt 1907 vorgetragenen Annahme auseinander, dass die acht Bronzegitter, die nun das Hochmünster in Aachen zie-

ren, ursprünglich für das Theoderich-Grabmal geschaffen wurden und dort im Obergeschoss den Abschluss der Außengalerie gebildet haben.[59] Buchkremer hatte sich vor Ort darum bemüht diese These zu verifizieren, und kam dabei zu der Erkenntnis, dass die Aachener Gitter nie in Ravenna gestanden haben können, da sie von ihren Abmessungen nicht zu den Maßen des Bauwerks passen.

Vieles von dem, was Buchkremer aus seinen Beobachtungen in Italien für Aachen ableitete, war zwar hinsichtlich der Anwendung einer als historisch getreu zu bezeichnenden Technik von hoher Bedeutung – war aber in seiner Sinnhaftigkeit kaum zwei Jahre nach Rückkehr vollständig in Frage gestellt. Buchkremer hatte mit seinem Löcherfund die Voraussetzungen dafür geschaffen, eine musivische Ausstattung des Münsters als historisch getreu zu akzeptieren, und in Italien das nötige Know-How erworben. Nach der Fertigstellung des Tambourmosaiks sorgte der Beschluss, die musivische Dekoration nun auf den ganzen Karolingerbau auszudehnen, für nationales Aufsehen und Widerstand. Nachdem im Oktogon die ersten Marmorplatten befestigt waren und somit ein Bespiel für die Art der weiteren Raumdekoration geschaffen war, erschien Josef Strzygowskis Schrift: „Der Dom zu Aachen und seine Entstellung. Ein kunstwissenschaftlicher Protest". Der renommierte österreichische Byzantinist und Kunsthistoriker fasste darin die schon länger bestehende kritische Einstellung zu den Arbeiten an der Aachener Münsterdekoration in Worte. Im strengen Sinne der konservierenden Denkmalpflege empfiehlt er, die weitere Dekoration des Baues zurückzustellen, den karolingischen Bestand zu sichern und alle späteren Zutaten, wie den neugotischen Westturm, wieder abzureißen.[60]

Persönlicher fiel die Kritik des Aachener Stiftskanonikers und -archivars Viehoff an Buchkremers Gutachten zur ehemaligen Innendekoration aus.[61] Viehoff unterstellte Buchkremer, dass er eine einseitige, stark tendenziöse Forschung betrieben habe, und sah in den Dübeln und Dübel-

---

[59] Vgl. Albrecht HAUPT: Die äußere Gestalt des Grabmals Theoderichs zu Ravenna und die germanische Kunst. In: Zeitschrift für Geschichte der Architektur 1 (1907), S. 10-26/33-44 und später nochmals DERS.: Das Grabmal Theoderichs des Großen zu Ravenna. Leipzig 1913 (= Monumenta Germaniae Architectonica 1).

[60] Vgl. Josef STRZYGOWSKI: Der Dom zu Aachen und seine Entstellung. Ein kunstwissenschaftlicher Protest. Leipzig 1904.

[61] Vgl. E. VIEHOFF: Zur Wiederherstellung des Aachener Münsters. Sonderdruck aus dem Volksfreund Nr. 77, 81/82, 88. Aachen 1904.

löchern Elemente, die zur Festigung des barocken Stucks dienten. Karl Faymonville belegte zudem, dass Buchkremers Umzeichnung des Schleißheimer Bildes fehlerhaft war und daraus kein Hinweis auf eine ältere Marmorinkrustation im Münster abzuleiten sei.[62]

Buchkremer reagierte verstört und unsicher, überlegte zeitweise, alle bislang getroffenen Maßnahmen für die Innendekoration als irrig zu verwerfen, konnte dann aber überzeugt werden, dass Strzygowskis Kritik zu weitgehend sei und die Nutzung der Kirche für die Gläubigen in einem halbwegs ästhetisch gestalteten Rahmen möglich sein musste.[63] Der Karlsverein sekundierte, dass die Zielsetzung des Ausstattungsprogramms nicht die Herstellung einer Ausstattung sei, die zur Zeit Karls des Großen bestanden habe, sondern ein Entwurf gewünscht war, der der unter Karl dem Großen herrschenden Kunstauffassung und gleichzeitig dem ästhetischen Gefühl der Zeitgenossen Rechnung trug.[64] Mit dieser Abstrahierung der Dekorationsziele auf die Ebene der immateriellen Werte der Huldigung des großen mittelalterlichen Herrschers, der mit ihm verbundenen Gedächtniskultur und der zeitgenössischen Verpflichtung zur Erhöhung des Kirchenraumes für die Gläubigen setzen sich die Vertreter des Karlsvereins gegen Strzygowskis von der zeitgenössischen Denkmalpflegetheorie bestimmten, nicht praktikablen Handlungsanweisungen ab. Trotz der vehement vorgetragenen Argumente gegen die musivische Raumdekoration wurde diese in den Folgejahren ausgeführt; der karolingische Kernbau des Aachener Domes erhielt das „südländische", der byzantinisch-italienischen Mittelmeerwelt entspringende Erscheinungsbild, das ihn noch heute prägt.

---

62 Vgl. Karl FAYMONVILLE: Zur Kritik der Restauration des Aachener Münsters. Beschreibende Darstellung der ältesten Abbildungen seines Inneren. Aachen 1904.

63 Vgl. BUCHKREMER 1904, bes. S. 10f.

64 Vgl. Georg FRENTZEN: Ein Urteil über die Strzygowski'sche Schrift „Der Dom zu Aachen und seine Entstellung". Aachen 1904 (Sonderabdruck aus dem Jahresbericht des Karlsvereins zur Restauration des Aachener Münsters 1904) und dazu WEHLING 1995, S. 101.

Bibliographie

BOVINI, Giuseppe: Il mausoleo di Teodorico. Ravenna 1977 (= Quaderni di antichità romane, cristiane, bizantine, altomedioevali, NS 6).

BUCHKREMER, Joseph: Die Architekten Johann Joseph Couven und Jakob Couven. In: Zeitschrift des Aachener Geschichtsvereins 17 (1895), S. 89-206.

DERS.: Das Atrium der karolingischen Pfalzkapelle zu Aachen. In: Zeitschrift des Aachener Geschichtsvereins 20 (1898), S. 247-264.

DERS.: Der Königsstuhl der Aachener Pfalzkapelle und seine Umgebung. In: Zeitschrift des Aachener Geschichtsvereins 21 (1899), S. 135-194.

DERS.: Zur Baugeschichte des Aachener Münsters. In: Zeitschrift des Aachener Geschichtsvereins 22 (1900), S. 198-271.

DERS.: Aachen, Wiederherstellung und Ausschmückung der Münster-kirche. In: Berichte über die Thätigkeit der Provinzialkommission für die Denkmalpflege in der Rheinprovinz 7 (1902), S. 4-24.

DERS.: Zur Wiederherstellung des Aachener Münsters. Aachen 1904.

DERS.: Über das Verhältnis der drei das Innere des Aachener Münsters darstellenden alten Gemälde zueinander. In: Zeitschrift des Aachener Geschichtsvereins 26 (1904), S. 344-354.

DERS.: Über das Verhältnis eines das Innere des Aachener Münsters dar-stellenden Kupferstiches zu den gleichartigen alten Gemälden. In: Zeitschrift des Aachener Geschichtsvereins 28 (1906), S. 466-470.

DERS.: Das Theoderich-Denkmal in Ravenna. In: Zentralblatt der Bau-verwaltung 56 (1936), S. 1329-1344.

DERS.: 100 Jahre Denkmalpflege am Aachener Dom. Aachen 1955 (= Dom zu Aachen – Beiträge zur Baugeschichte III).

DERS.: Meine Tätigkeit als Aachener Dombaumeister. Bearbeitet von Marita Hermanns. Aachen 1993 (= Veröffentlichungen des Bischöf-lichen Diözesanarchivs Aachen 46).

EMILIANI, Andrea/DOMINI, Donatino (Hrsg.): Corrado Ricci, storico dell'arte tra esperienza e progetto. Atti del convegno tenutosi a Ravenna il 27 e 28 settembre 2001. Ravenna 2004 (= Interventi Classensi 21).

FAYMONVILLE, Karl: Zur Kritik der Restauration des Aachener Münsters. Beschreibende Darstellung der ältesten Abbildungen seines Inneren. Aachen 1904.

GADDONI, Wanda: Il mausoleo di Teodorico. Imola 1989.

Haupt, Albrecht: Die äußere Gestalt des Grabmals Theoderichs zu Ravenna und die germanische Kunst. In: Zeitschrift für Geschichte der Architektur 1 (1907), S. 10-26/33-44.

DERS.: Das Grabmal Theoderichs des Großen zu Ravenna. Leipzig 1913 (= Monumenta Germaniae Architectonica 1).

HECKES, Pia: Die Mosaiken Hermann Schapers im Aachener Münster. In: Aachener Kunstblätter 52 (1984), S. 187-230.

HUYSKENS, Albert: Unserem Ehrenmitglied Dombaumeister Professor Dr.-Ing. h.c. Joseph Buchkremer († 11.1.1949) zum Gedächtnis. In: Zeitschrift des Aachener Geschichtsvereins 62 (1949), S. 104-111.

In memoria di Corrado Ricci. Un saggio inedito – nota delle pubblicazioni – scritti di amici e collaboratori. Rom 1935.

LOMBARDINI, Nora/NOVARA, Paola/TRAMONTI, Stefano (Hrsg.): Corrado Ricci. Nuovi studi e documenti. Convegno „Corrado Ricci" nel Centenario della Soprintendenza di Ravenna, svoltosi a Ravenna nell'Aula Magna della Casa Matha il 1 novembre 1997. Ravenna 1999 (= Biblioteca di Ravenna, studi e ricerche 4).

POHLE, Frank/KONNEGEN, Lydia: Die Mosaiken im Aachener Münster als Streitfall der Denkmalpflege im wilhelminischen Deutschland. In: Geschichte im Bistum Aachen 8 (2005/06), S. 173 – 206.

STRZYGOWSKI, Josef: Der Dom zu Aachen und seine Entstellung. Ein kunstwissenschaftlicher Protest. Leipzig 1904.

VAESSEN, Kurt: Der Dombaumeister. Eine biographische Studie über Professor Dr. h.c. Joseph Buchkremer. In: Aachen zum Jahre 1951, herausgegeben vom Rheinischen Verein für Denkmalpflege und Heimatschutz. Neuss 1951, S. 125-140.

VIEHOFF, E.: Zur Wiederherstellung des Aachener Münsters. Sonderdruck aus dem Volksfreund Nr. 77, 81/82, 88. Aachen 1904.

WEHLING, Ulrike: Die Mosaiken im Aachener Münster und ihre Vorstufen. Köln 1995 (= Arbeitsheft der rheinischen Denkmalpflege 46).

Herman H. Schwedt

Carl Sonnenschein (1876-1929):
Vom Rhein zum Tiber und zurück.

Als Carl Sonnenschein im Februar 1929 in Berlin starb, zogen viele tausend an seiner Bahre vorbei, Studenten und Künstler, Arbeitslose und etablierte Bürgerliche, Damen der Gesellschaft und verunglückte Hausmädchen, unterbezahlte Arbeiter aus Italien und Emarginierte der modernen Metropolen. Tausende Menschen begleiteten den Sarg vom Hedwigskrankenhaus zum Friedhof in einem nicht enden wollenden Leichenzug, bei dessen Anblick ein kleiner Junge ausgerufen haben soll: Sieh an, wie viele Verwandte dieser hat. Der ist ja mit ganz Berlin verwandt[1].

Um Carl Sonnenschein, den Apostel Berlins oder gar den „Papst von Berlin", wie ein flämisches Erinnerungsbuch betitelt, diesen rastlosen Wohltäter, hektischen Organisator und im Stakkato redenden und schreibenden Priester wob sich schon zu seinen Lebzeiten eine Legende. Über dreihundert Artikel und Broschüren, auch einzelne Bücher[2] erschienen über diesen ruhelosen Hans-Dampf-in-allen-Gassen. In den letzten Jahrzehnten sprach man seltener von Sonnenschein, ein Historiker aus Bochum, Christian Schmidtmann[3], legte eine Diplomarbeit zu den Ber-

---

[1] Nach dem von Kurt Tucholsky 1931 veröffentlichten Essay „Carl Sonnenschein" (neu in K. TUCHOLSKY, Gesammelte Werke. Band 3, 1961, S. 755-761), hier nach Werner KREBBEN (Hrsg.), Den Menschen Recht verschaffen. Carl Sonnenschein – Person und Werk. Vorwort von Norbert Blüm. Würzburg 1996, S. 136.

[2] Georg SCHOELEN, Bibliographisch-historisches Handbuch des Volksvereins für das katholische Deutschland (Veröffentlichungen der Kommission für Zeitgeschichte, B 36). Mainz 1982, S. 490-527; DERS., Bibliographisch-Historisches Handbuch des Volksvereins für das katholische Deutschland. Nachträge und Neuerscheinungen 1982-1993, in: Geschichte im Bistum Aachen. Band I (Aachen 1992) S. 276-323, besonders S. 304-306. Dazu neuere Lexikon-Artikel jeweils mit Literaturhinweisen: Detlef GROTHMANN, Carl Sonnenschein, in: Bibliographisch-Biographisches Kirchenlexikon. Band 10 (Herzberg 1995), Sp. 793-796; Paul BECHER, C. Sonnenschein, in: Lexikon für Theologie und Kirche Band 9 (Freiburg 2000) Sp. 725-727.

[3] Christian SCHMIDTMANN, Die Suche nach der verlorengegangenen Ordnung. Der Priester, Publizist und Politiker Carl Sonnenschein vor der Herausforderung der Moderne. Münster 1999. Herrn Schmidtmann danke ich für die Überlassung einer elektronischen Kopie der nicht in Druckform erschienenen Arbeit.

liner Jahren Sonnenscheins vor, Wolfgang Löhr[4] präsentierte ein zusammenfassendes Lebensbild neben einer Einzeluntersuchung zu einer Episode in Wuppertal, Wilhelm Imkamp[5] untersuchte die Studienjahre Sonnenscheins in Rom in den 1890er Jahren. Dann fand und veröffentlichte ich selber[6] 2004 mehrere unbekannte Briefe Sonnenscheins an seine italienischen Freunde zwischen 1900 und dem Kriegsbeginn 1914. Diese Beiträge und neu erschlossene Quellen der letzten 25 Jahre steuern vieles dazu bei, eine bedeutende Persönlichkeit des deutschen Katholizismus im ersten Drittel des 20. Jahrhunderts, ihr Umfeld und ihre Wirkgeschichte besser zu erforschen, alles vielleicht eine Hilfe auf dem Wege zu einer modernen Biographie Sonnenscheins.

Wie immer eine zukünftige Untersuchung und Darstellung über Sonnenschein aussehen mag, eines scheint ziemlich wahrscheinlich: sie wird einen Mann mit Ecken und Kanten porträtieren und mit wirklichen oder vermeintlichen Inkompatibilitäten nicht nur einer Einzelperson umgehen müssen, sondern auch mit widersprüchlichen Zügen und Elementen einer ganzen Zeit mit ihrer Gesellschaft und mit ihrer Kirche.

Wenn man das Leben Dr. Sonnenscheins nach Perioden gruppieren will, dann stechen vor allem seine zwölf Jahre Tätigkeit beim katholischen Volksverein in Mönchengladbach bis 1918 und die anschließenden elf

---

4   Wolfgang LÖHR, Carl Sonnenschein (1876-1929), in: Jürgen ARETZ u.a. (Hrsg.), Zeitgeschichte in Lebensbildern. Aus dem deutschen Katholizismus des 19. und 20. Jahrhunderts. Band 4. Mainz 1980, S. 92-102 und 271-272.

5   Wilhelm IMKAMP, Zum 100. Geburtstag von Dr. Carl Sonnenschein. ‚Fervens ad laborandum ...!' Die römischen Studienjahre des Dr. Carl Sonnenschein, in: Korrespondenzblatt Collegium Germanicum et Hungaricum, Jahrg. 83 (Rom, Dezember 1976) S. 46-67; DERS., ‚Fervens ad laborandum ...!' Die römischen Studienjahre des Dr. Carl Sonnenschein, in: Römische Quartalschrift 71 (1976) 175-198.

6   Herman H. SCHWEDT, Carl Sonnenschein (1876-1929), apostolo di Berlino e amico del Movimento Democratico Cristiano Italiano, in: Luigi Sturzo e la democrazia nella prospettiva del terzo millennio. Atti del Seminario Internazionale. Erice, 7-11 ottobre 2000. A cura di Eugenio Guccione (Accademia Toscana di Scienze e Lettere ‚La Colombaria', Studi 221). Tomo 1-2. Firenze 2004, Tomo 1, S. 163-192; DERS., Carl Sonnenschein, amico e traduttore di Romolo Murri, in: Romolo Murri e i Murrismi in Italia e in Europa cent'anni dopo. Atti del Convegno Internazionale di Urbino 14-26 settembre 2001. A cura di Ilaria Biagioli, Alfonso Botti e Rocco Cerrato. Urbino 2004, S. 565-591.

Jahre in Berlin hervor. Sie machen das Herzstück im Leben dieses Aktivisten und Sozialapostels aus. Davor lagen fünf Kaplansjahre im Rheinland und sieben Studienjahre in Rom. Die Erfahrungen in Rom, seine Eindrücke und die Früchte im späteren Wirken sollen im Folgenden etwas im Vordergrund stehen, also weniger ein Gesamtporträt zur Persönlichkeit Sonnenscheins, sondern jener Aspekt, den ich in Anlehnung an das Motto dieser Tagung umschreibe mit „Vom Rhein zum Tiber und zurück".

Carl Sonnenschein stammte aus einem bürgerlichen oder kleinbürgerlichen Milieu in Düsseldorf, wo sein Vater ein Installationsgeschäft betrieb. Mehrere nahe Verwandte studierten, wurden Lehrer oder Geistliche, gehörten also nicht zu jenem proletarischen Milieu, aus dem eine Legende den später wortgewaltigen Aktivisten Sonnenschein hervorgehen ließ. Nach dem frühen Tod des Vaters und einer Zweitehe der Mutter, wodurch Sonnenschein auch Halbgeschwister erhielt, begann er im Jahre 1894 sein Theologiestudium in Bonn, fortgesetzt ab Herbst 1894 Rom. Dorthin hatte ihn sein Diözesanbischof, Felix Kardinal von Hartmann von Köln, entsandt, nachdem der junge Mann in Düsseldorf ein gutes bis sehr gutes Abitur bestanden hatte. Der Stiefvater leistete sich einen damals keineswegs selbstverständlichen Luxus und fuhr mit dem jungen Carl an den Tiber, um den Sohn ins Collegium Germanicum zu begleiten. Dieses Institut unterhielten die Jesuiten seit 350 Jahren für die Länder des alten Heiligen Reiches deutscher Nation, meist für Theologiestudenten aus dem Deutschen Reich, aus dem Kaiserreich Österreich-Ungarn mit Böhmen, Kroatien und Welschtirol (also Trient) oder aus der Schweiz. Das Haus stand unter der Leitung von deutschsprachigen Jesuiten mit einem ziemlich strengen Reglement, die akademische Ausbildung erfolgte an der päpstlichen Universität Gregoriana in Rom mit Professoren aus dem Jesuitenorden vieler Länder Europas.

Legendär wurde später das Wort des Rektors des Collegium Germanicum, für den Sonnenschein eine kleine Katastrophe darstellte, alles andere als ein Musterschüler, weil er laufend gegen die strenge Disziplin der Jesuiten verstieß: „Ich kann nicht mehr, wirken Sie doch auf Sonnenschein ein. Er stört sich an keine Hausordnung", so soll der damalige Rektor des römischen Kollegs, Pater Joseph Biederlack, um 1900 einem

Mitstudenten gesagt haben[7]. Bei allem anekdotischen Wert dieses Bonmots, für die insgesamt sieben Jahre Sonnenscheins in Rom kann diese Beschreibung keineswegs zutreffen. Andernfalls wäre der junge Sonnenschein wahrscheinlich gleich in den ersten Jahren aus der Anstalt geflogen! Wenigstens für die ersten Jahre ab 1894 ergibt es vielmehr ein anderes Bild: Am Fleiß und Eifer des jungen Studenten fanden seine Professoren soviel Gefallen, dass er in der repräsentativen Vorzeigeveranstaltung der Universität die so genannte öffentliche Disputatio halten durfte mit Vortrag und Verteidigung von einigen Dutzend Thesen und Themen gegen die nach einem akademischen Ritus vorgetragenen Einwürfe und Gegenthesen. Bei dieser Disputatio philosophica stellte Sonnenschein den vom Professor ausgesuchten Disputanten, der sich gegen seinen Opponenten wehren musste, und dieser letztere war zufällig Eugenio Pacelli, der spätere Papst Pius XII. Wir kennen die philosophischen Thesen nicht, die der junge Sonnenschein als Vorzeigeschüler vortrug. Aber an der römischen Universität Gregoriana herrschte damals nur die Lehrmeinung der Neuscholastik. Mit eisernem Besen hatte Papst Leo XIII. etwa zwölf Jahre vorher im Rundumschlag Dutzende von Professoren in Rom abgesetzt, Priester vor allem aus Italien, auch aus dem Jesuitenorden; denn sie gehörten zur Schule des heiligen Augustinus, oder zur Tradition aus dem Benediktinerorden oder auch zu einer der moderneren Richtungen, beispielsweise zur so genannten historischen Theologie, die man auch in Deutschland seit Johann Adam von Möhler oder Johann Ignaz Döllinger kannte. Ein Papst, eine Kirche, eine Philosophie. Leo XIII. wollte mit der Zwangseinführung der Neuscholastik dem Pluralismus des Denkens und Meinens innerhalb des Katholizismus gegensteuern, um mit den so ausgebildeten und auf nicht plurale, sondern einheitliche Prinzipien geschulten Theologen schlagkräftig und erfolgreich zu agieren in einer Welt, die zunehmend sich vom Papst und seiner Kirche abwandte. Sonnenschein kam in dieses Ausbildungsprogramm und in eine Philosophen- und Theologenschule, in der alle Schöpfung aus Form und Materie bestand, in der es um die Substanzen geht, die auch Transsubstantiation und Wesensverwandlung einfacher erklären wollte und sollte als jene Philosophien, die einfach die Existenz von Atomen annehmen. Letzteres und vieles damit Verwandte verbannten der Papst und seine Neuscholas-

---

[7] Ernst THRASOLT, Carl Sonnenschein. Der Mensch und sein Werk. 1930, S. 34. Einige der biografischen Einzelheiten dieses Vortrages lehnen sich an die Darstellung von Sonnenscheins Freund Thrasolt an.

tik aus den katholischen Schulen und aus der philosophischen Ausbildung der jungen Leute wie Sonnenschein.

Nach drei Jahren, Sonnenschein erhielt nun den Doktortitel in Philosophie, begann das entsprechende Theologiestudium in Rom, wiederum gemäß päpstlichem Willen im Sinne der Neuscholastik. Die in sich widersprüchliche Lehr- und Kirchenpolitik des Papstes zeigte nun auch in Sonnenscheins Biographie ihre Spuren. Denn vielen Katholiken, unter ihnen auch Theologen, blieb die päpstliche Engführung des neuscholastischen Programms nicht verborgen, auch in Rom regten sich Zweifel und Kritik, auch an der päpstlichen Universität Gregoriana der Jesuiten. Die neuscholastische Theologie kam schon wenige Jahre nach ihrer römischen Zwangsverordnung in die Krise, als sich in Europa und Nordamerika das verbreitete, was man später den Modernismus nannte. Eine der verschiedenen Spielarten dieser schlimmsten aller Häresien, wie sie später Papst Pius X. nannte, war der so genannte praktische oder politische Modernismus, eine verbale Wortschöpfung vieldeutiger sozialer und intellektueller Zusammenhänge. Einer dieser Kontexte betraf das soziale Engagement der Katholiken, seit den 1860er Jahren im deutschen Katholizismus mit dem Wort des Mainzer Bischofs Wilhelm von Ketteler als das Bemühen um die „soziale Frage" bekannt. Massenhafte Emigration katholischer Arbeiter in einen antikirchlichen Sozialismus beobachtete man in Nordfrankreich, in Belgien und auch im Deutschland der Sozialisten unter August Bebel, einhergehend damit eine immer stärkere Distanz auch kleinbürgerlicher Kreise im Katholizismus von dem, was in diesen Kreisen als neues Proletariat erschien. Um dieser Entwicklung gegenzusteuern, kam es unter den Vertretern des so genannten ‚sozialen Katholizismus' in Deutschland 1890 zur Gründung des Volksvereins in Mönchengladbach durch den Gladbacher Tuchindustriellen Franz Brandts. Selbst im römischen Collegium Germanicum interessierten sich die Studenten für diese Fragen, unter ihnen Carl Sonnenschein. Lektüre, Diskussionen und Vorträge führten die jungen Theologen in die Problematik ein, ab 1897 führte sogar die altehrwürdige Universität Gregoriana unter dem unverdächtigen Namen Rechtslehre und Moraltheologie ein neues Fach ein: Wirtschaftsethik und Soziallehre, vorgetragen von dem westfälischen Jesuiten Joseph Biederlack, der zudem ab 1899 Rektor des Collegium Germanicum wurde. Jetzt kümmerten sich also die Theologen um Politik und Sozialprobleme, so munkelte man bald, unqualifizierte Leute und gar Studenten reden über Dinge, die den professionellen Politikern und in Rom natürlich dem Papst alleine mit seinen Fachdiplomaten zustanden: Fragen des gesellschaftlichen Umgangs, also der Politik. Es dauerte nur wenige Jahre, inzwischen mitten im päpstlichen Kampf gegen jeden Modernismus, darunter auch gegen den sozialen oder politischen Modernismus, da verlor Pater Biederlack sein Amt als Rektor des Collegium Germanicum und musste Rom verlassen; der gleiche Biederlack, der nun auch Sonnenscheins offenbar abnehmendes Interesse an der Theologie und sein immer stärkeres Engagement für Politik bemerkte. Gerade dieses letztere sah das sehr strenge Hausreglement des römischen Seminarbetriebes nicht vor: die Studenten sollten studieren und Examen machen, nicht ihre Kraft verzetteln mit noch so löblichen anderen Dingen. Aber Sonnenschein verstand es, sich im Bunde mit dem stellvertretenden Rektor des Collegium Germanicum, dem für die Hausverwaltung zuständigen Pater Minister Andrea Eletti SJ, beziehungsweise mit Hilfe von dessen Hausschlüssel, heimlich in der Stadt an Vorträgen und Diskussionen zu sozialen Fragen zu beteiligen[8]. Ungezählte Kontakte schuf Sonnenschein bei diesen Gelegenheiten, darunter auch zu den beiden später berühmten Luigi Sturzo, dem Gründer der Volkspartei Italiens, und Romolo Murri, von denen noch zu sprechen sein wird.

Der Musterschüler der neuscholastischen Philosophie lief zur Soziallehre und ließ die römische Theologie links liegen. Was ging hier vor unter den jungen und aufgeschlossenen Männern, was ließen sie denn abseits liegen? Ihre Theologie, natürlich die verordnete Neuscholastik, trugen damals an der Jesuitenhochschule der Gregoriana berühmte Männer vor. Einen von ihnen hat Sonnenschein später besonders geehrt in einer Reisenotiz, als er in das damals reichsdeutsche Lothringen fuhr. Er kam bei dieser Reise durch die Grenzstadt Sierck auf halbem Weg zwischen Trier und Metz, und aus dieser historischen Stadt war der wohl berühmteste Theologe und Kardinal des ersten Jahrhundertdrittels gebürtig, Louis Billot[9]. Bei ihm studierte Sonnenschein Theologie an der Uni-

---

8   Zum Zusammenhang siehe den erwähnten Aufsatz des Verfassers von 2004 über Sonnenschein, Apostolo di Berlino (wie Anmerkung 6, Seite 166). Der genannte Pater Andrea Eletti (1840-1914) aus Mittelitalien galt den deutsch-römischen Studenten in dem ihnen erstarrt erscheinenden System der italienischen Seminare als „der Italiener mit dem deutschen Herzen", der einmal ein Auge zudrücken konnte: so eine zeitgenössische Quelle zu Eletti, zitiert bei IMKAMP (wie Anmerkung 5) Seite 52.

9   Carl Sonnenschein, Notizen. Weltstadtbetrachtungen. Ausgewählt von Ernst THRASOLT. Berlin 1934, S. 163-165 (Kapitel ‚Lothringen'). Zur Person von L. Billot (1846-

versität Gregoriana, gerühmt als einer der tiefsten Denker aus der damals vorherrschenden Richtung des Neuthomismus in Rom. Freilich, heute befasst sich kaum jemand mit dem theologischen Inhalt dieser jetzt pauschal beiseite geschobenen Neuscholastiker unter Leo XIII., auch nicht mit Billot, dem genialen und hochspekulativen Lehrer Sonnenscheins. Ein Blick in die vielen Theologiebände des Jesuiten Billot, alles Vorlesungstraktate, offenbart in nicht wenigen Fällen eine reaktionäre Engführung der christlichen Botschaft, besonders handgreiflich in der Lehre von den Sakramenten. Was man bei Billot lesen kann zum Eucharistiesakrament, also zur Wandlung von Brot und Wein mit der neuaristotelischen Substanz- und Wesenslehre, hakt mit modernen Lehren, darunter den verschiedenen Formen von Atomtheorien oder Kräftelehren, die Kombinationen aus Teilchen statt Stoffwesenheiten voraussetzen, in ähnlicher Weise ein wie die Lehre zu anderen Sakramenten; etwa die Tauflehre, wonach ungetauft verstorbene Kinder ohne persönliche Schuld und Sünde ewig bestraft werden in einer Halb-Hölle ohne Ende, genannt Limbus. Diese letztlich auf Augustinus und eine extreme Erbsündenlehre zurückgehende Sicht forderte eine Taufpraxis etwa bei Frühgeburten oder bei Abgang von Frühformen des Fötus, die auch um 1900 mit zentralen Konstanten der christlichen Botschaft wie der Erlösung aller Menschen nur schwer harmonierte. Die Lehre Billots über die Priesterweihe passte zwar in die Politik Leos XIII., der alle anglikanischen Weihen für ungültig erklärte, weniger aber in eine Theologie der Übertragung des Amtes in der Kirche, die ihre Gültigkeitsfrage nicht an scholastischen Schemen von Form und Materie orientiert, sondern etwa am Willen der Gemeinde, eine Theologie freilich, die einen offeneren Kirchenbegriff voraussetzt.

Sonnenschein hat diese Theologie studiert, aber offenbar nicht mit viel Interesse. Viel später, auf der erwähnten Fahrt durch die Festungsstadt Sierck ins lothringische Metz, widmete der Schüler seinem Lehrer zwar verehrende Worte, die freilich angesichts der hochspekulativen Spitzenqualität dieses Theologen eher oberflächlich anmuten. Billot zählte im

---

1931), in Rom Konsultor und Mitglied der Inquisitionskongregation (S. Officium), siehe den Lebenslauf, seine wichtigsten Schriften mit ausführlicher Bibliographie im Werk des Verfassers dieser Zeilen über die Mitglieder des Sanctum Officium: Prosopographie von römischer Inquisition und Indexkongregation 1814-1917. Hrsg. von Hubert Wolf (Grundlagenforschung III). 2 Bände. Paderborn 2005, in Band 1, S. 179-181.

kirchlich gespaltenen Frankreich nicht zu den so genannten modernen oder republikfreundlichen Katholiken, sondern zu einer Richtung, die man klerikal-faschistisch nennen darf. Als Sohn eines aus Innerfrankreich in den Grenzort Sierck versetzten Zollbeamten wurde Billot wie andere Franzosen im Nationalstolz verletzt durch die Abtretung von Lothringen an Deutschland, die modernisierenden Richtungen im französischen Katholizismus stießen ihn ab und trieben ihn zur Action française der so genannten Rechtskatholiken und der Klerofaschisten, so dass er, inzwischen wegen seines Talents als Theologe zum Kardinal ernannt, im Jahre 1927 die Kardinalswürde niederlegte oder niederlegen musste im Konflikt mit dem Papst, der solche Rechtsaußen in seinen Kardinälen nicht mehr duldete. Obschon Sonnenschein nichts über den politischen Rechtsaußen Billot berichtet, dürfen wir annehmen: wenn Studenten wie Sonnenschein die offiziellen Theologen in Rom sozusagen nur noch miterledigten, der Examina wegen, aber ihr Interesse den politischen Fragen zuwandten, dann hatte die vorgetragene Theologie der päpstlich eingesetzten Neuscholastiker offenbar den Kredit der Jugend verloren.

Am 28. Oktober 1900 empfing Sonnenschein in Rom die Priesterweihe, ein Jahr vor dem üblichen Studienende. Im Vormonat, genauer vom 5. bis 8. September 1900, fand in Rom der erste internationale katholische Studentenkongress statt. Etwa 700 Teilnehmer nahmen teil, vor allem aus Spanien, Frankreich, Deutschland und Italien. Man diskutierte unter der Schirmherrschaft prominenter Personen, darunter des späteren Reichskanzlers Graf Georg Hertling, des berühmten Professors Ludwig von Pastor, des Historikers in Rom, Franz Hitze aus Deutschland und des römischen Spitzenkardinals Lucido Parocchi[10], als Chef der Kongregation der römischen Inquisition und des Sanctum Officium zuständig für Fragen der Orthodoxie und gleichzeitig Vikar des Papstes als Bischof von Rom, zuständig für Fragen der Kirchendisziplin im Bistum Rom. Verboten war, über die christliche Demokratie zu diskutieren, verboten war jede Erwähnung eventueller Mitarbeit von Katholiken an staatlichen Stellen in Italien, die der Papst seit Jahren unterband durch sein berühm-

---

[10] Zu dem philosophisch-neuscholastisch gebildeten römischen Kardinal L. Parocchi (1833-1903) vgl. das in der vorigen Anmerkung genannte Werk des Verfassers Prosopographie, Band 2, Seite 1127-1130. Zu den Anwesenden auf dem von Sonnenschein organisierten Studentenkongress in Rom im September 1900 siehe den Aufsatz Sonnenschein Apostolo di Berlino (wie Anmerkung 6) S. 172 und 189.

tes „Non expedit" (es ist nicht angemessen, als Katholiken beim italienischen Staat mitzuarbeiten) in der Illusion, damit seinen Anspruch auf
den verlorenen Kirchenstaat zu verdeutlichen. Unter solchen Bedingungen wollten und konnten die aus dem Ausland anreisenden Studenten
keinen Kongress abhalten, in dem es um ihr soziales und politisches
Engagement in ihrer jeweiligen Heimat ging. Sonnenschein gehörte zu
den Hauptorganisatoren des Kongresses, er brachte allein 150 Studenten
im gerade wegen der Ferien leeren Collegium Germanicum unter, sam-
melte Geld und erbettelte dies auch bei der eigenen Familie. Das Un-
glaubliche an der Geschichte: der junge Student Sonnenschein erreichte
beim fast allmächtigen Kardinal Parocchi, dass dieser eine Art Schirmherrschaft übernahm und erlaubte, dass in Anwesenheit des Kardinals
auch über das verbotene Thema der christlichen Demokratie gesprochen
werden dürfe. Dies geschah dann auch tatsächlich, selbst einschlägig
bekannte Christdemokraten wie Romolo Murri hielten einen Vortrag
auf dem Treffen, und man beschloss gleich den Folgekongress in Fribourg, Schweiz. Die antikirchliche Presse verschwieg den ganzen Kongress, denn diese Presseorgane hätten dann eingestehen müssen, dass
Studenten mehrerer Länder dem bei den römischen Antiklerikalen ver-
hassten Papst eine Grußadresse sandten. Dies aber berichtete die papst-
treue Jesuitenzeitschrift „La Civiltà Cattolica", freilich ohne irgendeinen
Satz zum Inhalt des Kongresses, zu den Titeln der Vorträge oder zu einer
Sondererlaubnis, hier habe jemand über Freiheit oder verbotene Demokratie sprechen dürfen. Für Sonnenschein bedeutete die Organisation des
Kongresses einen erheblichen Erfahrungsgewinn, eine Menge an Kontakten, viel neues Ansehen und einen messbaren Erfolg besonders als
organisatorisches Talent. Die Politik des Papstes dagegen hatte insofern
Erfolg, als der von Sonnenschein organisierte Kongress 1900 in Rom
ohne konkreten Aktions-Beschluss zu Ende ging außer mit der Verabre-
dung des nächsten Treffens in Fribourg, Schweiz. Sonnenschein erhielt
hierfür die offizielle Wahl zum Vizesekretär, um diesen Folge-Kongress
vorzubereiten, untergeordnet dem Sekretär Giulio Cesare Rossi, damals
Medizinstudent in Rom, später dann Priester und Sozialpolitiker. Dieser
aber, weil sprachunkundig, konnte zu den mitteleuropäischen Verbänden
einschließlich den Schweizerischen Institutionen keinen Kontakt aufbauen,
was freie Bahn für Sonnenschein bedeutete.

Noch während des römischen Kongresses der Studenten, aber unabhängig von ihm sammelten sich die italienischen Freunde einer christlichen

Demokratie. Dies geschah zwar noch nicht unmittelbar zur Bildung einer förmlichen Partei, sondern zur Gründung einer autonomen christlich-demokratischen Bewegung mit einer dann bald erscheinenden Zeitung. Diese Zusammenkunft fand am 7. September 1900 auf einem der sieben römischen Hügel statt, auf dem Aventin, in einem historischen Treffen, von dem einer der Teilnehmer[11] schrieb: „An jenem Abend auf dem Aventin war Sonnenschein, ein hochsympathischer deutscher Priester mit italienischem Sinn, der alle Sprachen sprach, dann Marc Sangnier, der mit bestechender Beredsamkeit brillierte, und dann der Rechtsanwalt Valente, der sich unermüdlich unseren bescheidenen Anstrengungen in der Kulturarbeit widmet". Die erwähnten Namen lassen aufhorchen, vor allem Marc Sangnier, der begeisternde französische Schriftsteller und Organisator der christlich-sozialen und demokratischen Bewegung. Er war der Widerpart zur erwähnten Rechts-Gruppe der sogenannten „Action française" und des Kardinals Louis Billot, bevor der Hl. Stuhl freilich auch gegen den aufgeschlossenen Sangnier Straf- und Verurteilungs-dekrete erließ.

Von dem großen Professor der italienischen sozialen Bewegung der 1890er Jahre, dem Juristen Antonio Toniolo aus Pisa, hatte sich Sonnenschein zwar anregen, aber nicht anziehen lassen. Toniolo wollte einen erneuerten Staat, gereinigt von dem in Italien historisch zu verstehenden Kirchenhass und Antiklerikalismus unter einer geistigen Führung der Kirche. Für Italien bedeutete dies eine mindestens moralische Führung des Staates durch den Papst, im Jargon der Politiker und Historiker ge-nannt Welfentum oder Neoguelfismo. Übertragen auf ein Konzept der christlich-demokratischen Bewegung hätte dieses bedeutet, dass die Kir-che oder die Kirchen die moralische Führung dieser demokratischen Bewegung übernehmen. Für Italien führte ein solches Konzept nicht zur Leitung durch mehrere Kirchen, sondern durch nur eine Kirche, die ihrerseits zentral und monarchisch strukturiert faktisch dem Papst eine Oberaufsicht über die christlich-demokratische Bewegung zugesprochen hätte. Dies alles widersprach dem schon seit längerem etwa in Deutsch-land praktizierten Modell der hierarchieunabhängigen demokratischen Bewegung der Christen, die sich eben als christliche Demokraten und als

---

[11] Der Teilnehmer an dem Treffen, Eligio Cacciaguerra, schrieb den zitierten Satz über Sonnenschein „un simpaticissimo prete tedesco, dall'anima italiana, che parlava tutte le lingue". Das Wort findet man wiederholt in der Literatur, hier nach Maurilio Guasco, Romolo Murri e il modernismo. Roma 1968, S. 70.

freier Zusammenschluss von Christen, nicht aber als Untertanen des Papstes oder der Bischöfe und als deren Emissäre verstanden.

Gegen dieses papsthörige Modell der politischen Aktion der Katholiken, vertreten vor allem von Toniolo, stellten sich zahlreiche Jüngere, darunter die beiden jungen Priester Romolo Murri und Luigi Sturzo, die Sonnenschein in Rom kennenlernte.

Der etwas ältere von beiden, Murri, stammte aus Mittelitalien, aus den so genannten Marken in der Gegend von Ancona, hatte als junger Priester die römische Eliteschule für päpstliche Diplomaten durchlaufen und sich dort unter den politischen Fächern besonders für Sozialpolitik interessiert. Streng als Neuscholastiker und Thomist geschult, gelangte er zu einem umfassenden Reformprogramm von Kirche und Gesellschaft, beides voneinander untrennbar, soweit die Christen einbezogen sind. Die von Christen aktiv mitzugestaltende Gesellschaft insgesamt zu reformieren hinsichtlich der Werte und der politischen Wege, kann nicht ohne eine tiefgehende Reform auch der Kirche erfolgen, will diese nicht das Reformwerk gefährden und sich selber als Inspirator der Reformen selber diskreditieren. Murri entwickelte eine Theorie und Theologie der christlichen Demokratie, die fast wie ein demokratisches Christentum aussah. Als Sonnenschein in Rom lebte, war dieses theoretische Konzept auch bei Murri selber noch nicht so weit gediehen, aber ab 1908 kam es zum offenen Konflikt und schließlich zur Exkommunikation von Murri. Weit weniger radikal dachte ein zweiter Mann, den Sonnenschein in Rom kennenlernte, Luigi Sturzo aus Sizilien. Auch dieser junge Priester, aus einem ärmer gewordenen Haus von Baronen stammend, ersehnte eine christliche Demokratie ohne jeden autoritären Eingriff, auch nicht von Seiten des Papstes, allein getragen durch den Willen des christlich gesinnten Volkes. Don Sturzo wurde 1919, nach der Exkommunikation von Murri, der Gründer der Volkspartei (parito popolare), nach der sich später mehrere christlich-konservative Parteien in Europa benannten (etwa ÖVP Österreichische Volkspartei, SVP Südtiroler Volkspartei). Luigi Sturzo lehnte 1923 eine Kollaboration mit dem Diktator Benito Mussolini ab, musste ins Exil nach London und erlebte noch als Greis den Neuanfang seiner Partei in Italien, jetzt unter dem Namen Christlich-Demokratische Partei, ganz ähnlich zur Entwicklung in Deutschland nach 1945.

Diesen nur wenig älteren und recht frommen Priester Sturzo besuchte Sonnenschein in Sizilien im August 1901, nachdem er in Rom mit dem Schlussexamen seinen theologischen Doktortitel erhalten hatte. Schon im darauf folgenden Monat September feierte Sonnenschein in Düsseldorf seine Primiz und kam nach Aachen als Kaplan an St. Jakob. Ein bislang unbekannter Brief eben aus Aachen, gerichtet an Sturzo in Sizilien, berichtet Interessantes über die Einschätzungen und Ansichten des jungen Sonnenschein. Wie zu einem Beichtvater bekennt Sonnenschein darin: „Ich kann keine halbe Stunde am Schreibtisch sitzen und schieße schon hinaus. Ich lebe allzu undiszipliniert. Gut für mein geistliches Wohl, dass heute die Fastenzeit beginnt", so schrieb der Kaplan aus Aachen dem Freund in Sizilien, der mitten im politischen Kampf um die Bürgermeisterwahl von Caltanissetta stand. Sonnenschein wusste natürlich um diesen klaren Widerspruch zum Willen des Papstes, der allen Katholiken die Mitarbeit im italienischen Staat untersagte, weil dieser dem Papst den Kirchenstaat genommen hatte. Diese politische Anweisung des Papstes vom Man-darf-nicht (Non expedit, eigentlich: man sollte nicht) hielten viele Katholiken, auch Sonnenschein, für unsittlich und darum für sittlich nicht verpflichtend. Der Papst könne dem italienischen Katholizismus nicht befehlen, sich selber umzubringen: „bei allem nötigen Gehorsam [gegenüber dem Papst] gilt dies nicht bei einer Anweisung zum Selbstmord. Eure arme christliche Demokratie in Italien befindet sich wirklich unter einer Verfolgung", gemeint ist: durch den römischen Papst. Hier spricht und schreibt ein blutjunger Kaplan aus Aachen, 26 Lenze alt, kaum ein halbes Jahr nach jahrelanger theologischer Schulung unter den Augen des Papstes, nicht nur mit unverblümter Ablehnung der kirchenoffiziellen Politik gegenüber der christlich-demokratischen Bewegung, sondern sogar noch mit der theologischen und ethischen Begründung, dass dieser päpstliche Wille nicht verpflichte weil unsittlich. Die Widersprüche in der päpstlichen Führung erzeugten neue Widersprüche selbst bei der eigenen Jungschar, zu der die Zöglinge der römischen Kollegien zählten. Auch Sonnenschein betrachtete sich eindeutig als propäpstlich, als er im gleichen Brief seinem Freund Sturzo über die jüngste Diskussion in Deutschland erzählt. Dort gab es immer mehr Forderungen nach Reformen, ein liberaler Katholizismus hatte sich entwickelt. „Der junge Katholizismus erhebt sich bei uns", so berichtet Sonnenschein über die neuen Auflagen jenes Jahres 1902 von Albert Ehrhards Buch „Der Katholizismus und das zwanzigste Jahrhundert", einer Programmschrift mit Aufruf zu Reform und Bekenntnis zur

Moderne, aber, so fügt Sonnenschein hinzu: diese Erhebung erfolgt nicht immer in unserem Sinne. Wir haben hier eine Zeitschrift „Das Zwanzigste Jahrhundert", beliebt beim jungen Klerus und bei den gebildeten Katholiken, die gegen die römische Kurie schreibt. Interessanterweise ist sie ebenso antipäpstlich wie antidemokratisch". Die Klage Sonnenscheins über die antirömischen und antipäpstlichen Deutschen aus dem Lager der liberalen Katholiken geht nahtlos über in die Klage über die Verfolgungen, die christliche Demokraten durch den Papst erleiden.

Früher lastete man solche verbalen Inkohärenzen dem Charakter oder der Intelligenz einer Person an, heute sehen wir eher die dahinter stehenden Widersprüche der bedingenden Kräfte und des Zusammenhangs, innerhalb derer Einzelne so zu solchen Äußerungen gelangen.

Von Aachen kam Sonnenschein nach Köln-Nippes, in eine typische Arbeiterpfarrei mit 25.000 Katholiken. Fast täglich holte man ihn zu Versammlungen von Vereinen und Gruppen, wo der junge Kaplan sich in seinem Element fühlte und darüber seinen Freunden in Italien mitteilte. Zwei Jahre später wird er versetzt nach Elberfeld und arbeitet in ähnlichem Milieu, hier natürlich mit dem lokalen Kolorit der katholischen Minderheit. Auch von hier schreibt der Kaplan wieder unmissverständliche Kritik an der päpstlichen Politik nach Italien. Wie geht's mit der Gesundheit, so fragt Sonnenschein aus Elberfeld seinen Freund in Sizilien, und wie geht's mit der Gesundheit der Insel? Was für eine gute Wahl, diejenige von Lualdi für Palermo. Hier handelt es sich um einen bissigen Kommentar zur Entsendung des in Rom stadtbekannten reaktionären Mailänder Prälaten zum Erzbischof von Palermo nach Art der piemontesischen Abordnung von norditalienischen Kolonialbeamten in den Süden, hier durchgeführt vom Papst in Person: Was für eine gute Wahl! Die christlich demokratische Bewegung macht Fortschritte in Italien, so notiert Sonnenschein, nur die höchste kirchliche Leitung ist ein Babylon, also der Inbegriff des Schlechten, Unsittlichen und Chaotischen. Das päpstliche Verbot der politischen Teilnahme der Katholiken, das sogenannte „Non expedit", ist tödlich für den Katholizismus wie ein Krebsübel, un cancro.

Soziales Engagement galt für Papst und für alle Katholiken als unbezweifelte Pflicht; dies erforderte für die jüngere Generation etwa im Rheinland und in Italien ein Engagement im organisierten Katholizismus der Vereine und Parteien, im Kern also oder gar ausdrücklich ein demokratisches Handeln. Die Widersprüche kamen also von der obersten Kirchenleitung, und hierzu glaubten Sonnenschein und seine Freunde beim Volksverein einen Weg gefunden zu haben, um das innerkatholische Patt zu vermeiden. Hierüber diskutierte kontrovers Sonnenschein mit seinem Freund Murri, als dieser immer stärker vom antimodernistischen Papst und seinen Helfern angegriffen wurde. Man kann nicht beides, die Kirche und Theologie reformieren und gleichzeitig Politik und Gesellschaft, so Sonnenschein als politisches Konzept der rheinischen Reformer und als Kritik an dem Freund Romolo Murri in den Marken. Sonnenschein begeisterte sich für die Kirchen- und Gesellschaftsreformen, die Murri als Rückbesinnung auf die alten Werte seines Landes mit Erneuerung aller moralischen und wirtschaftlichen Kräfte suchte. Murri wollte alles erneuern, sein Land, seine Traditionen, die Wirtschaft, die Kirche, die Theologie. „Das", so schrieb ihm Sonnenschein aus Mönchengladbach, „übersteigt die Kräfte einer jungen Bewegung und stellt alles in Frage". Das hieße einen enormen Kraftakt unternehmen, und zwar entgegen einem der härtesten Widersacher, mit der päpstlichen Kurie und ihren Helfern. „Meine Freunde vom Zentrum und ich halten dies für einen Fehler", so beruft sich Sonnenschein auf nicht genannte Gesinnungsgenossen, die wir unter den damaligen Köln-Mönchengladbachern aus der Zentrumsgruppe um Bachem vermuten dürfen. Statt dich nur auf die soziale Reform zu beschränken, willst du Reformer auf allen Gebieten werden, auch auf dem religiösen. Das ist eben der taktische Fehler, so Sonnenschein, denn „je mehr du deinen Kampf gegen den Vatikan auf das politische beschränkst, um so mehr besserst du deine Position."

Die Geschichte sollte Sonnenschein Recht geben. Murris Programm der Reform rundum, religiös und politisch, scheiterte am erbitterten Widerstand der kirchlichen Reaktion: der Papst exkommunizierte den unbotmäßigen Priester, der sich dann gar noch zum Modernisten erklärte mit der Behauptung, man könne kirchliche und gesellschaftliche Modernisierung nicht trennen. Aber bevor es in den Jahren ab 1908 soweit kam, war Sonnenschein selber bereits auf dem besten Weg, um unter die Räder der päpstlichen Reaktion zu geraten. Ausgerechnet Romolo Murris Bücher verführten Sonnenschein zu einem Spiel mit dem Feuer. Denn die auf traditioneller Philosophie des Thomas und seiner Theologie aufbauenden Reformschriften Murris wollten die Erneuerung nicht als Bruch, sondern als Fortschreibung gutkirchlicher Tradition darstellen.

Eine moderne Gesellschaft und eine zeitgemäße Kirche sind keine Neugründung, sondern die alte Identität in neuer Vitalität. Solches stieß natürlich auf römischen Widerstand, aber der Papst wagte noch keine Indizierung durch ein offizielles Kirchenverbot. Geblendet durch diese Zurückhaltung in Rom plante Sonnenschein gleich mehrere deutsche Übersetzungen von Murris Büchern, witterte natürlich die Gefahren. Kein katholischer Verlag ließ sich auf dieses Risiko ein, kein Übersetzer fand sich bereit. Sonnenschein übersetzte selber das erste Buch Murris komplett, gründete mit konspirativen Methoden einen Scheinverlag und veröffentlichte ohne jede Namensnennung das Werk ohne das erforderliche Imprimatur, also ohne die kirchliche Druckerlaubnis, so dass auch die kirchlichen Behörden den nur auf dem Papier stehenden Verlag und den Verantwortlichen (also Sonnenschein) nicht ausmachten. Als es dann doch zu brenzlig wurde, vergab Sonnenschein Murris Buch an einen evangelischen Verlag in Jena, der dann ohne Furcht vor bischöflicher Repression die Schrift druckte, natürlich ohne Hinweis auf die anonyme Einleitung des anonymen Übersetzers, eben Sonnenscheins. Wiederholt haben Katholiken, Priester und Laien, damals wegen der unterdrückerischen Politik des Papstes Pius X. Zuflucht bei evangelischen Verlagen gesucht; insgesamt entsprach dies der modernistischen Defensive, die sich eben duckte und versteckte angesichts des harten Antimodernismus übrigens nicht nur des Papstes. Dürfen wir sagen: Sonnenschein war ein Modernist? Nach allem, was wir jetzt aus den neu gefundenen Korrespondenzen mit den italienischen Freunden wissen, hätten die Antimodernisten allen Grund besessen, Sonnenschein zu den Modernisten zu rechnen. Hinter vorgehaltener Hand hat man dies auch in Deutschland erzählt. Romano Guardini, einer der bekanntesten Theologen im zweiten Viertel des Jahrhunderts, erzählt aus späteren Berliner Jahren Sonnenscheins, dieser habe damals auf betonter Orthodoxie bestanden: Keine Diskussion zu theologischen Fragen und kein Problematisieren wünschte der spätere Sonnenschein in Berlin, weil, so erklärt Guardini, der gleiche Sonnenschein sich früher zu sehr mit dem Modernismus eingelassen habe. Unabhängig von dieser späteren Lebensphase in Berlin, die hier ausgeblendet werden soll, bezeugt Guardini noch 20 Jahre später das Gerede von Sonnenscheins kompromittierenden Aktionen zur Modernismuszeit. Gemeint sind sicher die erwähnten Versteckspiele um die Verbreitung von Murris Schriften in deutscher Übersetzung. Auch ein zweiter Band des Italieners mit einem eigens hierfür geschriebenen Vorwort von Murri lag 1908 fertig in deutscher Übersetzung vor, erschien aber nie in Druckform aus Gründen, die mit den anti-modernistischen Repressionen durch den Heiligen Stuhl zu tun haben, die aber im Einzelnen noch zu erforschen bleiben. Das interessante hand-schriftliche Vorwort Murris in deutscher Sprache fand ich vor einigen Jahren in einem Teilnachlass Sonnenscheins in Bonn und habe es inzwischen veröffentlicht[12] in den erwähnten Tagungsbänden über Romolo Murri.

Vom Rhein zum Tiber: Carl Sonnenscheins Erfahrungen in Italien und seine Kenntnis wichtiger politischer Gruppen und Richtungen brachten seinem Wirken wichtige Impulse und halfen ihm auch im Engagement für italienische Immigranten im Rheinland und in Berlin. In Italien hatte er gelernt, dass Demokratie nur dann und darum in diesem christlichen Lande entstehe und gedeihe, wenn sie als Rückbesinnung und Erneuerung der eigenen christlichen Tradition sich verwirkliche zugleich als Reform von Kirche und Gesellschaft. In Deutschland lernte er mit seinen Zentrumsfreunden, ein solches Reformprogramm auf allen Gebieten müsse scheitern, wenn es außer der rein politischen auch die kirchliche Sphäre mit einbeziehe. Modernisierung und Förderung eines mensch-licheren Umgangs miteinander, also Demokratie und soziales Miteinan-der, müssen darum die Religion sich selber überlassen. Besonders Murri hat immer das Gegenteil vertreten, die Religion bildet für ihn die Wurzel, soweit reformiert, eines erneuerten gesellschaftlichen Umganges und einer wahrhaften Demokratie. Sonnenschein und seine Freunde bestrit-ten dies nicht, auch wenn sie das Junktim in der konkreten politischen Auseinandersetzung für taktisch falsch hielten. Auch hierin schlugen sich einige der Widersprüche nieder, die das Europa von 1900, das Europa des Krieges von 1914 und jenes der 20er Jahren charakterisieren.

Die wenigen Skizzenstriche zum Thema Carl Sonnenschein wollen keinen einheitlichen Charakter zeichnen, sondern die wirklichen oder vermute-ten Widersprüche andeuten. Wie immer später Sonnenschein ab 1918 und während der Weimarer Republik zu Demokratie und der innerkirch-lichen Reform gestanden haben mag, und mehrfach kommen Zweifel an seinem Willen zu Reformen und Demokratie in den späteren Jahren auf;

---

[12] Herman H. SCHWEDT, Carl Sonnenschein, amico e traduttore di Romolo Murri (wie Anmerkung 6), S. 565-591.

in den Vorkriegsjahren freilich war und blieb er ein überzeugter Freund und Anhänger seiner italienischen Freunde, ein christlicher Demokrat zwischen Rhein und Tiber.

Anhang

Deutsche Übersetzung von 22 Schreiben Sonnenscheins an Luigi Sturzo (1902-1914) und Romolo Murri (1906-1909). Der Text aller Briefe und Postkarten ist in italienischer Sprache (mit Ausnahme eines deutschen Briefes vom 6. Juli 1914), hier wiedergegeben nach eigener Übersetzung des Verfassers H. H. Sch. und jeweils mit einer kurzen Inhaltsangabe. Die Originaltexte der hier übersetzten Briefe veröffentlichte der Verfasser 2004 in den Bänden, die den beiden Freunden Sonnenscheins Sturzo und Murri gewidmet sind (genaue Angaben in der Anmerkung 6). Ergänzungen oder Erklärungen in eckigen Klammern stammen vom Verfasser H. H. Sch. Abkürzungen bei der Datierung der Briefe bedeuten: o.O. = ohne Ortsangabe, o.D. = ohne Datumsangabe. Ortsnamen etwa für Mönchengladbach sind in der von Sonnenschein benutzten Form beibehalten („M. Gladbach").

1: Sonnenschein an Sturzo, Aachen 12. Febr. 1902.
Inhalt: *Verschiedene Nachrichten zu Personen und Zeitschriften. Lieberaler Katholizismus in Deutschland (Ehrhard, Kraus). Die päpstliche Politik gegen die christlichen Demokraten in Italien macht diese zu Verfolgten des Papstes.*

Lieber Luigi,
1) Als erstes sende ich Dir heute die wenigen Spenden, die ich sammeln konnte. Es sind 44,50 Mark für 25 Messen (14 zu 2 Mark, 11 zu 1,50 M). Die Intentionen für die erstgenannten Messen sind: 11 ad intentionem dantis [nach Meinung des Stifters]; 1 für lebende Catharina V., 1 für die verstorbenen Eltern E., 1 zu Ehren des heiligen Judas Thaddäus. Für die zweite Gruppe: 6 ad intentionem dantis [gemäß der Meinung des Stifters], 3 für den verstorbenen Sch., 1 zu Ehren des Hl. Joseph, 1 für den verstorbenen D-Ed.
2) Dann hat mir Cultrera einen Brief voller Verzweiflung geschrieben. Du wirst verstehen, dass ich kaum etwas tun kann; wenn Du einverstanden bist, schicke ich Dir etwas Geld, aber ich wüßte absolut nicht, wie ich ihm eine Stelle besorgen kann. Armer Kerl, es geht wohl wirklich schlecht.

3) Dann, hast Du gesehen, dass Panales zwei Zeilen über mich geschrieben hat in der Vita nova. Um den Ball aufzunehmen sende ich Dir eine Zeile als Antwort. Ich hielt es für gut, diese in der gleichen Vita nova zu veröffentlichen, um so mit einem guten Wort das liberale Publikum zu erreichen. Sei darum bitte so gut und schicke ihm den Artikel zusammen mit meinem Billett. Wenn Du es dann für angebracht halten solltest (wofür ich Dir sehr, sehr dankbar wäre), diese in der Croce [di Costantino] zu drucken, steht das in Deiner Entscheidung.

4) Ich habe mit Vergnügen den Artikel über Rapisardi in der Ateneo gelesen, aber noch las ich nicht alles, was Euren Kampf um die Gemeindepolitik angeht. Ich fange an, alle früheren Nummern der Croce [di Costantino] zu lesen, sobald ich mir ein wenig Arbeit vom Hals geschafft habe.

5) Schließlich habe ich ausführlich auf Deinen Brief zu antworten, der sage und schreibe schon vom vergangen 20. Oktober[13] stammt. Also hier bin ich: Du erinnerst an die Einsiedelei, und ich auch. Nur dass ich Angst habe dass ich es nicht verdiene. Denn um sich zu erholen muß man erst arbeiten, und ich dagegen bleibe kein halbes Stündchen am Tisch und renne schon hinaus und weg. Ich lebe noch zu undiszipliniert. Dafür ist es gut dass heute die Fastenzeit beginnt die ein gut Stück zu unserem geistlichen Wohl beiträgt. Du aber sollst nicht fasten, verstehst Du! Du wünschst ein plastisches Bild meines Lebens. Mir fällt schwer, davon zu schreiben, und ich hoffe mit der Zeit ein wenig Psychologie unseres Lebens im Klerus für die Neue Jahrhundert oder die Kultur zu betreiben. Unser Milieu ist derzeit voll hoher Spannung. Das Buch von Erhardt hat eine Riesenerschütterung bewirkt, der junge Katholizismus erhebt sich, aber nicht immer in unserem Sinn. Wir haben eine Zeitschrift von jungen Leuten, gelesen besonders von vielen aus dem jungen Klerus und aus der Beamtenschaft, sie ist geschrieben mit einer Ablehnung der römischen Kurie wie bei der Lega romana. Interessanterweise ist sie in der gleichen Weise antidemokratisch wie antipäpstlich. Dann hat Kraus zuletzt mit seinem ‚Cavour' den katholischen Liberalismus wiederbelebt, auch dieser konservativ. Du siehst, wie er gearbeitet hat, unermüdlich. Dann Eure Angelegenheiten, vor allem die letzten und schwerwiegenden Entscheidungen von Rampolla, die so etwas wie den unglaublichen ‚alten Temporalismus' bedeuten. Es ist nutzlos sich immer zu drehen

---

13 Ein solcher Brief von Sturzo an Sonnenschein wurde noch nicht ermittelt.

wie das der ‚Osservatore Cattolico' tut. Ich stehe auf Seiten des ‚Domani' und seiner freimütigen Erklärung. Ich halte einen Gehorsam nicht für verpflichtend im Falle eines Selbstmordes. Ich gebe zu, dass die Formen rücksichtsvoll sein müssen. Eure arme christliche Demokratie ist wirklich [eine Bewegung] in der Verfolgung. Dann die Agitation für den Kongress. Ich war jüngst in Lüttich bei einem Treffen der studentischen Delegierten. Alles [ist] gewonnen. Bis hierher [gab ich Dir nur] äußere Daten und Nachrichten, nichts aber sagte ich Dir, lieber Luigino, von meinem innersten Leben. Es ist besser, nicht davon zu sprechen. Wie oft erstickt es oder erweitert sich ins Phantastische! Bete, dass ich ein guter Apostel sei, nicht mit dem Mund, sondern wirklich. Ich fühle meine ganze Unwürdigkeit. Wolle Gott meine elenden Absichten reinigen. Genug für heute. Bald und gerne mehr. Und Gott sei mit Dir im Kampf um die Gemeindewahlen. Grüße an die Schwestern und an den Bruder Dein Carlo

2: Sonnenschein an Sturzo, Aachen 1. April 1902
Inhalt: *Nachrichten über die Vorbereitung des Studentenkongresses in Fribourg sowie über katholische Politiker in Deutschland (E. Lieber, K. Bachem u.a.) und in der Schweiz.*

Lieber Freund, in Eile schreibe ich Dir wenige Zeilen. So wollte ich es gestern – heute, nachdem ich mich ein wenig von der Arbeit erholt habe und noch mehr von den Dingen, die mir laufend auf die Nerven fallen, suche ich Dir etwas länger zu schreiben. Danke zunächst für Dienen Brief und Deine Guten Wünsche. Ich versuche, mit der Zeit das Geheimnis des Übernatürlichen und des Schmerzes zu verstehen, darin liegt ja das ganze Christentum. Während ich dieses hier schreibe, schickt der Telegraph die Nachricht vom Tode Liebers. Dies ist für uns ein großer Verlust, denn unsere jungen Kräfte sind noch zu wenig. L[ieber] war ein klassischer Redner und fast das Haupt des Zentrums. In diesen Tagen habe ich einige Männer unseres Zentrums kennengelernt, und ich sage Dir freimütig, dass ich als Priester mir fast schon sagte: Schäme du dich vor diesen Männern. Carl Bachem in Köln hat mich beeindruckt. Ein Apologet mit dem heißen Herzen. Trimborn hat im vergangenen Jahr 10.000 Mark für gute Zwecke gespendet, Gröber ist der Heilige des Zentrums, der herausragende Volksredner des Zentrums; jedes Mal, wenn er im Reichstag reden muss, geht er zur Kommunion. Oh solange [unsichere Lesung] uns diese Männer erhalten bleiben, werden wir siegen. Und jetzt wenige Zeilen zu meiner Arbeit: Das Sekretariat [für den Studentenkongress] macht mir viele Arbeit. Der Kongress in Fribourg ist fast schon sichergestellt und wird glänzend sein. Die Universität als solche hat sich für ihn interessiert und unterstützt aus wohl verstandenem Eigeninteresse diesen ersten Versuch in Fribourg. Nur schmerzt mich, dass er nicht zusammen mit dem Internationalen Kongress von Decurtins zusammenfallen kann. Aber Fribourg ist dann [während der Ferien] als Universitätsstadt eine Wüste; im Oktober, nach Semesterbeginn, haben wir sicher [als Teilnehmer] wenigstens die Studenten von Fribourg. So ist der Kongress in jedem Fall abgesichert. Dann das Jahrbuch, für das ich viel arbeite. Wir wollen eine gut gemachte Sache versuchen. Dann unsere Studenten in Aachen. Wir haben einen Disksussionsabend ins Leben gerufen, der gut läuft. Du sollst wissen, dass ich in all diesem Elend den ganzen füheren Optimismus behalten habe. In cruce victoria [im Kreuz ist Sieg]. Mich schmerzt nur, dass ich, wenn ich Dir schreibe, nur von mir spreche. Aber du willst es so. Bete für mich. Ich vergesse dich nie und auch [nicht] den Augenblick, [an dem wir] uns wiedersehen. Vielleicht, oder sicher in Fribourg in der Schweiz. Grüße alle Dein Carlo Sonnenschein.

3: Sonnenschein an Sturzo, Köln-Nippes, 23. Febr. 1903
Inhalt: *Nachrichten zur Arbeit in der Pfarrei und in den Vereinen in Nippes.*

Mein lieber und guter Sturzo. Euer Kampf nach Art Gregors VII. ist schön. Es lohnt wirklich die Mühe, seine Kräfte für diese Reform des Klerus einzusetzen. Integer, stark – das ist die Grundlage auch Eurer Christlichen Demokratie. Ich gratuliere Dir lebhaft zur großen Schlacht, die jetzt begonnen hat. Ich habe hier eine sehr interessante Pfarrei. 25.000 Katholiken, 4 Kapläne und 1 Pfarrer, also 5.000 [Katholiken] für jeden [der Priester]. Es ist ein Vorort von Köln, Industriebevölkerung, alles Arbeiter oder Angestellte, um uns der moderne Wind der proletarischen Organisation, und der Klerus [steht] in diesem Werk an erster Stelle. Fast jeden Abend [bin ich] in einem anderen Verein zum Reden oder wenigstens als Vorsitzender: das Volk will bei einer jeden seiner Unternehmungen den Klerus wenigstens [dabei] sehen. Dann alle Probleme der Christianisierung [Entchristlichung] der Großstädte. Ich arbeite, lieber St[urzo], arbeite, arbeite. Ich bin dabei der glücklichste Mensch. Ich bin mitten unter den Kindern, den Arbeitern, der von der Schule [alleine] gelassenen Jugend. 15 Stunden Unterricht jede Woche in der städtischen Schule. Leb wohl. Schreib [vier Worte nicht lesbar] ein wenig Geduld. Dein Carlo Sonnenschein.

4: Sonnenschein an Sturzo, Elberfeld 19. Okt. 1904
Inhalt: *Sonnenschein kritisiert das päpstliche ‚Non expedit‘. Der deutsche Sozialismus entwickelt sich von einer marxistischen Bewegung der Umwälzung zur Reformbewegung.*

Lieber Luigi. Ich ergreife die Gelegenheit, während Dein hochwürdigster Bruder in Caltagirone ist, um Dir und ihm zwei Zeilen zu senden. Wie geht es Deiner Gesundheit? Und [wie geht es] der Gesundheit der Insel? Was für eine gute Wahl, Lualdi[14] für Palermo, eh? Warum nimmt Mangano nicht an, nach all dem Druck des Kardinals von Catania? Eure Bewegung läuft gut, so weit ich sehe. Nur die hohen [Kirchen-] Leitungen, nicht wahr, eh, sind babylonisch [= benehmen sich chaotisch wie in Babel]. Das ‚non expedit‘ ist wirklich ein Krebs [-Übel]. – Bei uns geht es voran, auch in sozialer Hinsicht, Schritt für Schritt, aber beständig. 200 Tausend Arbeiter sind jetzt in christlichen Vereinen gewerkschaftlicher Art organisiert. Der Sozialismus wird allmählich reformerisch und verliert schon ein wenig sein marxistisches Gehabe [aureola marxista]. Warum haben wir nicht früher das verstanden, was bei ihm richtig ist? Leb wohl, lieber Freund. Ich bin Dir nahe, und [nahe ist] auch die Reise nach Sizilien im nächsten Jahr. Dann dieses noch: von Deinen Schriften fand ich einige höchst interessant. Wenn Du noch welche hast, würdest Du mir ein Vergnügen machen. Dein Carlo.

5: Sonnenschein an Sturzo, Elberfeld 10. Okt. 1906
Inhalt: *Sonnenschein kritisiert die Angriffe der ‚Civiltà Cattolica‘ auf Murri und die christlichen Demokraten und bezweifelt eine Einigungsmöglichkeit mit den Bischöfen.*

Lieber Sturzo. Notiere Dir bitte meine neue Adresse für den Versand der Zeitung. Hast Du dann den unwürdigen Angriff der ‚Civiltà Cattolica‘ gelesen, der eine Schande für eine wissenschaftliche Zeitschrift ist. – Hast Du meine kleine Schrift? Davon wirst Du [doch] zwei Zeilen in der

---

[14] Der aus Mailand stammende römische Prälat Alessandro Lualdi (1858-1927) wurde 1906 zum Erzbischof von Palermo ernannt, ab 1907 Kardinal; der als Erzbischof im sizilianischen Catania amtierende Kardinal Giuseppe Francica Nava (1846-1928) stammte aus dem sizilianischen Adel. Von dem Advokaten Vincenzo Mangano aus Palermo, enger Mitarbeiter von Sturzo in Sizilien, spricht Sonnenschein in seinen Reisenachrichten: C. Sonnenschein, Italienisches Reisetagebuch, in: Hochland 18 (1920-1921) I, S. 536-557, S. 549.

‚Croce' bringen, trotz der Wolken, die sich über dem Haupte von Murri zusammenziehen, den ich im übrigen so beurteile, wie Du es tatest in der ‚Croce' vom 6. Juni. Wie beurteilst Du die Lage? Es ist sehr schwierig. Wie[15] willst Du unter diesen Umständen Deine Kraft zusammenhalten, indem Du behauptest, Deine christliche Demokratie [entspreche] dem Wohlwollen der Bischöfe? Wie es Pius X. jetzt tut. Du hast ihn doch seinerzeit besucht. Ich bin jetzt beim Volksverein, in der Leitung. Willst Du einen Artikel von mir? Dein S[onnenschein]

[P.S.] Schick mir die ‚Croce di Costantino' 1906 Nr. 1-5, 11-12, 21, 32.

6: Sonnenschein an Sturzo, M. Gladbach 7. Juni 1912
Inhalt: *Postkarte, wenige Zeilen über Artikel in Zeitungen.*

Lieber St[urzo]. Da sind wir nun im vollen Kampf. Wir machen schwierige Stunden durch, aber wir sind guter Hoffnung. Hilf uns. Welchen uns wohl gesonnenen Zeitungen und Personen soll ich [es] schicken. Dein C. Sonnenschein

7: Sonnenschein an Sturzo, M. Gladbach 6. Juli 1914
Inhalt: *Glückwunsch zur Wiederwahl als Bürgermeister in Caltagirone, demnächst fahre Sonnenschein nach Sizilien zu Sturzo.*

Werter Freund!
Erst heute komme ich dazu, Dir zu Deiner Wiederwahl zum Bürgermeister der Stadt Caltagirone herzlich zu gratulieren. P. Stienen[16] hat mir geschrieben, wie heftig diesmal der Wahlkampf gewesen sei. Um so inniger ist meine Anteilnahme an Deinem Siege. Ich hoffe bestimmt, diesen Winter auf ein paar Tage zu Dir herüberzukommen und dann die Wiederbelebung alter Erinnerungen mit der Besprechung aktueller Fragen zu verbinden. Grüße bestens Deine Schwestern, P. Stienen und alle alten Freunde, auch die unvergesslichen Cypressen Deiner Villa San Sebastiano[17]. Auf Wiedersehen, Dein C. Sonnenschein.

---

[15] Dieser Satz ist im italienischen Original fast nicht zu verstehen: „Come vuoi qui tu ad unire la tua energia nell'affermare la tua d. c. colla simpatia dei vescovi. Come fa Pio X ora".

[16] Es handelt sich um einen nicht bekannten, offenbar deutschsprachigen Pater in Sizilien.

[17] Beim Namen „San Sebastiano" unterlief hier wohl ein Versehen; denn Sonnenschein nennt die gleiche Villa mit richtigem Namen und erinnert sich an „die ewigen Zypres-

8: Sonnenschein an Murri, Elberfeld, 27. Mai 1906
Inhalt: *Sonnenschein übersendet sein Heft über den italienischen Ka-*
tholizismus 1906. Eine Übersetzung von Murris „Kämpfe von heute" ist
erforderlich.

Noch einmal sende ich Dir ein Exemplar meiner kleiner Schrift. Kannst
Du von ihr in einer Zeitung oder in der „Cultura" sprechen? Willst Du
die Schrift [in Übersetzung?] unter die Veröffentlichungen der Nationa-
len Kulturgesellschaft aufnehmen? Du kannst es bekommen für 0,25
Lire und verkaufen für 0,50 Lire (in Deutschland 0,40 Mark). Wieviele
Exemplare? Kann ich 50 senden. Grüße. Verliert Ihr Mut? Sonnen-
sch[ein].
[Nachschrift] Vielleicht gehe ich zum Volksverein von M. Gladbach.
Vielleicht.
Die Verhandlungen wegen der Übersetzung Deines Buches haben ihre
Geschichte, aus Klugheitsüberlegungen. Ich hoffe aber, dass es jetzt ge-
klappt hat und dass ich Dir bald eine vorteilhaftes Angebot machen kann.
Um so mehr je stärker über Dir die Stürme toben.

9: Sonnenschein an Murri, M. Gladbach 26. August 1906
Inhalt: *Geplante Übersetzung einiger Bücher Murris.*

Lieber Murri. Ich warte auf die Abzüge Deiner Vorträge für die Übersetzung. Dann werde ich Dir binnen kurzem den Vertrag mit dem Verleger zusenden, den ich inzwischen gefunden habe; der gleiche Verleger
hat, soviel ich weiß, den Bonomelli übersetzt. Es wird der erste Band
einer Reihe „Italienische Bibliothek" sein. Was hältst Du außer den
„Reden" wünschenswert für eine Übersetzung: „Ein Papst"?, „Das religiöse Leben"? Ich bin Dir dann dankbar für Deine Sachen, von denen ich
die „Kämpfe" und „Papst" habe[18], nichts weiter.
Herzliche Grüße Dein Sonnensch[ein]

---

sen seines [Sturzos] Landhauses drunten in Sizilien, der Villa San Bartolomeo bei
Caltagirone, wo ich ihn 1901 zuerst besuchte": C. Sonnenschein, Italienisches Reisetagebuch, in: Hochland 18 (1920-1921), I, S. 536-557, hier S. 548.

[18] Die Titel einiger Schriften, von Sonnenschein in den Briefen meist in Kurzform
zitiert, lauten:
Das christliche Leben zu Beginn des zwanzigstens Jahrhunderts ... Kämpfe von heute.
Cöln-Weiden 1908;
La filosofia nuova e l'enciclica contro il modernismo. Roma 1908;

10: Sonnenschein an Murri, o.O., o.D. [M. Gladbach, vielleicht 1907]
Inhalt: *Verzögerung bei der deutschen Übersetzung von „Kämpfe von heute". Sonnenschein sucht Murris Zeitschriften.*

Lieber Murri. 1) Entschuldige die Verspätung wegen des Vertrags; auch ich wartete von einem Tag auf den anderen. Der Verleger befindet sich „in London". 2) Schick mir die Nummern 2 bis einschließlich 7 der „Cultura sociale" 1905. 3) Desgleichen die „Briefe an die Arbeiter". 4) Von Athena das ganze Jahr 1905 und 1906 mit der Fortsetzung. 5) Die anderen religiösen Seiten. Ich bereite einen ausführlichen Artikel über Deine Arbeiten für das Hochland vor. Nicht [uns] vergessen. Dein Sonn[enschein]

11: Sonnenschein an Murri, M. Galdbach 17. Dezember 1907
Inhalt: *Einzelheiten zur Übersetzung von „Das christliche Leben" (Kämpfe von heute); weitere geplante Übersetzungen.*

Lieber Murri. Jetzt ist der Plan für die Übersetzung fertig. Nach langer Suche fand ich einen Verleger, der folgende Bedingungen stellt. Auflage von 1.500 Exemplaren, hochmodern gedruckt, mit Deiner Fotografie und kritischem Vorwort. Vier Mark das Exemplar, 150 Exemplare kostenlos. Es bleiben 1.3500 Exemplare für den Verkauf. Jetzt bietet er Dir für das bloße Übersetzungsrecht unter meiner Aufsicht 5% an, also 370 Mark für die erste Auflage. Nimmst Du an? – Und was willst Du mir außer den „Reden" für die Übersetzung vorschlagen? Dein Sonnensch[ein]
[Nachschrift] Dank für die Karte.

12: Sonnenschein an Murri, M. Gladbach 25. Januar 1908
Inhalt: *Für die Übersetzung von „Kämpfe von heute" soll Murri „alles" nach Turin senden [d.h. den Vertrag?]. Sonnenschein will zwei Bücher von Murri übersetzen.*

La politica clericale e la democrazia cristiana;
Un papa, un secolo e il cattolicesimo sociale. Torino 1905;
La vita religiosa nel cristianesimo. Roma 1907;
Battaglie d'oggi (Kämpfe von heute);
Sociale; Athena (Januar 1906 – Dez. 1906: nicht: 1905)
Aus dem letzten Jahrzehnt des italienischen Katholizismus. Elberfeld 1906

Lieber M[urri]. Die Dinge sind jetzt in Ordnung. Es wurde eigens eine katholische Firma gegründet (vertraulich für Dich), welche derart Veröffentlichungen ermöglicht. Aufgrund meiner langen Mühen. Jetzt warten wir auf die Übersetzung. Mach Du jetzt rasch, alles an Markwitz[19] zu senden, in Turin, 34 San Domenico; dieser wartet dringend. Je früher wir veröffentlichen, um so besser. Nach dieser Arbeit kommt Dein Band „Modernista". Zufrieden! Jetzt wird's laufen. Wir werden dann weitere Deiner Bücher folgen lassen, den Band „Klerikale" usw. Grüße an Maria, den Onkel und an Dich. Ich bin sehr beschäftigt. Vierzig Vorträge in einem Monat. Dein Sonn[enschein]

13: Sonnenschein an Murri, Göttingen 14. Februar 1908
Inhalt: *Murri soll „Die neue Philosophie" an H. J. Frenken senden wegen Übersetzung.*

Bitte schicke sofort ein Exemplar der Philosophie (Modernismus) an Herrn Frenken, Hamm in Westfalen, Sedanstraße 41, der die Übersetzung veröffentlichen wird (vertraulich). Grüße Dir und Maria. Dein Sonnenschein.

14: Sonnenschein an Murri, o.O. [Berlin], 1. März 1908
Inhalt: *H.J. Frenken gründete in Köln-Weiden das Verlagshaus „Monopolverlag".*

Danke. Grüße aus Berlin, wo ich derzeit bin auf einer Rundreise für die Agitation unter den Studenten. Der Verleger befindet sich ab 1. März in Köln (Weiden), Rheinpreußen, und nannte seine Firma: Monopolverlag. Grüße. Alles läuft. Dein Sonnenschein.

15: Sonnenschein an Murri, M. Gladbach, 5. August 1908
Inhalt: *Die Übersetzung der „Kämpfe" bringt keinen Gewinn, man redet von einer zweiten Auflage. Ein Fioroni aus Rom ist in Deutschland. Die politische Taktik Murris gefährdet den Bestand der „Liga".*

Lieber Murri. Also höre. Die erste Auflage bringt nichts, weder für Dich noch für mich. Alles was sie bringt musste ich dem Übersetzer geben,

---

[19] Bei dieser ansonsten nicht bekannten Person handelte es sich vielleicht um einen Literaturagenten.

also mußt Du die zweite Auflage abwarten, die hoffentlich kommen wird. Ich bin froh über das Kapitel, das Du hinzufügst, und über das Vorwort. Wenn Maria geht, kommt sie dann ins Ausland? Meine Schwester[20] lernt jetzt italienisch. Wer weiß, ob sich nicht noch eines Tages der Traum verwirklichen läßt und sie mit mir kommt. Bei mir ist Fioroni[21] aus Rom, den Du kennst. Was machen Deine Römer? Bestimmte Tagesbefehle sind untragbar, weil sie der elementarsten Taktik entbehren. Die „Liga" wird [d.h. würde] dann in die Luft gehen. Wieviele Träume mußt [= müsstest] Du als Vater dann begraben. Alles [wäre] ein Friedhof voll sterbender Besiegter[22]. Inzwischen grüße ich Dich, Deinen Onkel, Deine Schwester und Fuschini. Don Carlo

16: Sonnenschein an Murri, M. Gladbach 21. Oktober 1908
Inhalt: *Ein zweiter Band der „Kämpfe" ist im Druck. Genugtuung über Murris Rückkehr in die Politik.*

Mein Lieber. Wieviele Exemplare bekamst Du? Passt Dir der Druck? Vom Überschuss der zweiten Auflage wirst Du einen guten Anteil bekommen. Der zweite Band ist im Druck. Wir alle sind hochzufrieden über Rimini und Deinen Wiedereintritt in die Politik. Bei euch ist der einzige Weg der Kampf. Wir haben, wie Du weißt, eine evolutive Taktik, ein starkes Element unseres Volksgeistes, der seine schwachen Seiten hat, der uns aber insgesamt voranbringt[23]. Der Volksverein ist nicht Reaktion. Aber komme, um ihn Dir anzusehen. Dein S[onnenschein]

17: Sonnenschein an Murri, M. Gladbach 25. Oktober 1908
Inhalt: *Die Druckabzüge zum zweiten Band werden korrigiert. Die Unterkunft für Murri in Mönchengladbach ist bereit.*

---

[20] Es handelt sich um Agnes Noll, eine bei Sonnenschein lebende Halbschwester.

[21] Zu dieser Person wurden keine Nachrichten ermittelt.

[22] Sonnenschein erfuhr offenbar von Handlungsanweisungen für die „Liga": „Certi ordini di giorno sono intollerabili per mancanza di elementare tattica. La Lega dunque va in aria. Quanti sogni devi tu, padre, seppellire! Tutto un camposanto di vinti che muojono".

[23] Im telegrafischen Stil Sonnenscheins lautet dieser Satz im Original: „Presso voi l'unica via parte [da] la battaglia. Noi abbiamo, come sai, una tattica evolutiva, forte elemento del nostro spirito di razza, che ha i suoi lati deboli, ma che in complesso ci porta innanzi".

Mein Lieber – seit Monaten arbeite ich an der Schlusskorrektur Deines zweiten Bandes. Harte Arbeit. Um so zufriedener werde ich von dem Echo Deines Buches in der öffentlichen [deutschen] Meinung sein. Ich glaube daran, denn der Modernismus ist noch in Diskussion – ich habe hier Deine Unterkunft vorbereitet. Grüße und alles Gute S[onnenschein] [Nachschrift] Grüße an den Onkel sowie an Maria und Fuschini.

18: Sonnenschein an Murri, o.O. [M. Gladbach], 10. November 1908
Inhalt: *Sonnenschein fährt nach Danzig. Katholiken und Liberale schweigen zum ersten Band Murris. Besorgnis über Murris Entwicklung und Befürchtungen im deutschen Katholizismus.*

Lieber M[urri]. Danke. Der zweite Band verspätet sich ein wenig, weil ich morgen nach Danzig fahre (Nähe von Russland). Die Aufnahme [Deines Buches] verläuft auch schleppend, weil die offizielle katholische Presse aus Nützlichkeitsgründen nicht von Dir spricht, und weil die liberale Presse natürlich nicht davon redet. Indessen sehe ich allenthalben, dass Dein Vorgehen immer mehr geschätzt wird, denn wir haben uns davon überzeugt, dass es anders nicht länger geht. Alle meine Freunde wünschen Deinen Einzug ins Parlament. Aber um nicht unsere internen Schwierigkeiten zu vergrößern angesichts der wachsenden Reaktion, bangen wir um die Dinge bei euch. Verurteile mich deshalb nicht. Dein S[onnenschein]

19: Sonnenschein an Murri, M. Gladbach 11. April 1909
Inhalt: *Befürchtungen, Murris könne sich durch radikale Freunde kompromittieren. Die „Liga" soll mit dem Vatikan über politische Fragen streiten, nicht jedoch als „Reformer" auf allen Gebieten. Bitte um Vertraulichkeit.*

Lieber Freund. In Eile zwei Zeilen. Mich drängt es, Dir zu sagen, dass ich mit aller meiner Treue von vorher zu Dir stehe, unter dem Pakt, immer aufrichtig zu seine, wie ich es war. Deine Lage wird sehr ausgeglichen (equamente) und mit Wohlwollen von vielen in Deutschland beurteilt. Aber man fürchtet, dass die radikalen Freunde Dich kompromittieren können, wenn Du nicht ganz klar und vielleicht auch wiederholt auf Deinem persönlichen Programm und jenem der Liga bestehst. Ich bitte Dich in Freundschaft, Dich nicht mit anderen zu vermischen (confonderti). Uns besorgt dann in zweiter Linie die Befürchtung, dass Du nicht hauptsächlich auf der politisch-sozialen Thematik bestehst, indem Du vielleicht zu sehr ein ,Reformer' auf allen Gebieten wirst. Meine Freunde und ich würden das für einen taktischen Fehler halten. Je mehr offenbar wird, dass Dein Kampf mit dem Vatikan eine politische Auseinandersetzung ist, um so günstiger ist Deine Stellung. Ich weiß so wohl wie Du, dass das Schlusswort zur Reform nicht auf dem politischen Gebiet gesprochen wird, aber ich würde es aus taktischen Gründen bedauern wenn Du den „Freunden" ein Vorwand bieten würdest, indem Du Dich zu sehr lehrmäßig (dogmatisch) exponierst. Also, mein Lieber, die Partei der Liga soll an der Spitze [des Kampfes] stehen, wenigstens für jetzt, also der Politiker, noch klarer als jemals. Das sind unsere dringendsten Wünsche. Nimm es nicht übel. Dass Du der überzeugte Priester von vorher bleibst, das werde ich niemals bezweifeln. Grüße mir die Schwester und den Onkel. Es ist selbstverständlich, dass nur Ihr von meiner Korrespondenz wisst, unser Milieu ist ziemlich reaktionär (ich vertraue Deiner Diskretion); von meiner unveränderten Freundschaft kann jeder erfahren, der es will. Vielleicht komme ich im Herbst. Dein Sonnensch[ein]. [Nachschrift: Privatanschrift] M. Gl[adbach], Dahlener Str. 159

20: Sonnenschein an Maria Murri, o.D. [13. April 1909]
Inhalt: *Hochzeitsgeschenk Maria Murri/G. Fuschini. Sonnenschein erbittet Zeitschriftennummern der „Rivista di Cultura".*

Das sind die Hochzeitsgeschenke die ich besorge für eine bestimmte Hochzeit. Höre: jetzt habe ich die ersten Nummern der Zeitschrift von 1909. Wie komme ich an den vergangenen Jahrgang (1908), von dem ich nur die Nummern 1 und 2 besitze (1. und 16. Januar)? Ich zahle gern. Grüße den lieben Onkel und Romolo. Mit Wünschen für lange Ostern. Carlo

21: Sonnenschein an [Maria Murri], o.O. [M. Gladbach], 21. Sept. 1909
Inhalt: *Einladung an Maria Murri und G. Fuschini zur Hochzeitsreise ins Rheinland. Romolo ist willkommen bei Sonnenschein.*

Hier ein Vorschlag. Zur Zeit weiß ich nicht, ob ich zur Hochzeit kommen kann oder nicht (wann wird sie stattfinden?), aber ich mache einen ernsthaften Vorschlag: Ihr zwei kommt für die Hochzeitsreise nach Deutschland. Ich komme, um euch zu treffen, nach Basel oder Straßburg, und dann bleiben wir zusammen dort, oder Ihr kommt für einige Zeit mit mir entlang des Rheines und zu mir. Nehmt an. Wenn Romolo mit Euch kommen will, um so besser. Der Vorschlag ist ernst. Euer Sonnenschein.

22: Sonnenschein an Murri, o.O. [M. Gladbach], 21. Sept. 1909
Inhalt: *Im ‚Brief an die Wähler' übertreibt Murri und tut dem italienischen Katholizismus Unrecht.*

Lieber M[urri]. Soeben lese ich Deinen Brief an die Wähler. Ist es nötig, dass Du Dich so weit nach vorne wagst? Fürchtest Du nicht, viel Schlimmeres [mehr Unrechtes] darzustellen als an Gesundem und Großem im Katholizismus Italiens liegt? Denn dieser weist doch, trotz allem, heroische Leistungen und große soziale Aufgeschlossenheit auf? Ich fürchte, dass Dein großer und idealer Traum (wer wäre schon nicht antiklerikal) auf Voraussetzungen gründet, die nicht tragen. Im innersten war ich glücklich über das, was Du über den Katholizismus und den vulgären Antiklerikalismus schriebst. Oft schmerzt es mich, Dich unter diesen Leuten zu sehen, wohl wissend, dass Du jetzt und immer Priester bist. – Ich weiß noch nicht, ob ich zur Hochzeit Deiner Schwester kommen kann oder nicht. Ich schreibe ihr indessen. Dein Sonnenschein.

Gertrude Cepl-Kaufmann

Ludwig Mathar (1882-1958)

Das Rheinland und Italien – Verlust und Rettung

Genese und Frühwerk

1882 in Monschau bei Aachen, dem seit dem 12. Jahrhundert im Besitz der Herzöge von Limburg als Rittersitz, bis zum Ersten Weltkrieg unter dem mittelfranzösischen Namen „Montjoie" bekannten Eifelort geboren, verbrachte Ludwig Mathar nach dem Besuch der Gymnasien in Monschau und Münstereifel das Jahrhundertende in der Heiligen Stadt, genauer: 1898 übersiedelte er in das Benediktinerkloster St. Paul vor den Mauern in Rom. Sein Großonkel Carl Osländer wirkte dort unter dem Namen Don Bonifacio als Abt und der junge, im katholischen Glauben verwurzelte Eifelaner sollte sich unter Anleitung des Onkels auf ein geistliches Amt vorbereiten. Mathar kehrte aber schon zwei Jahre später zurück. Dennoch sollte diese Erfahrung in der prägenden Phase seines Lebens nicht unterschätzt werden: sie hat sein weiteres Leben entscheidend mitbestimmt. Zurück im heimischen Eifel-Aachener Raum, machte er 1903 in Aachen am Kaiser-Karls-Gymnasium sein Abitur. Zum Studium der Philologie ging er nach Freiburg, München, Paris und London und streifte sich die Eierschalen eines ländlich begrenzten Blicks endgültig ab. In Bonn beendete er es 1907 mit dem Staatsexamen für das Höhere Lehramt, promovierte aber noch anschließend in München über „Carlo Goldoni und das deutsche Theater des 18. Jh." Auch mit der Wahl seines Dissertationsthemas bewies er seine Verankerung in einer abendländischen Kulturtradition, der zwar manches Landschaftsorientierte, aber kaum Provinzielles anhaftete. Bis zum Ersten Weltkrieg arbeitete Mathar als Studienrat in Neuss und Köln. Den Krieg begrüßte er und widmete ihm die damals üblichen Kriegsgedichte, mit denen er sich literarisch bekannt machte. Der Titel der Anthologie kündet von einem aus heutiger Sicht befremdlich klingenden Stolz, entsprach aber damaliger Gemütslage, zumindest zu Beginn des Krieges. Die Gedichtsammlung erschien 1915 unter dem Titel „Auch ich war dabei". Mathar wurde in diesem Krieg allerdings schwer verwundet, unterrichtete aber, vom Frontdienst befreit, nach seiner Genesung in mehreren Kriegsschulen.
1928 verließ er den Schuldienst, um ganz als freier Autor zu leben. Den Mut, in diesen wirtschaftlich keineswegs entgegenkommenden Zeiten

auf die sicheren Einkünfte eines Beamten zu verzichten, hatte ihm der schriftstellerische Erfolg gegeben, vor allem auch die positiven Kritiken, die seine ersten Veröffentlichungen bekannt machten. Zum bemerkenswerten frühen literarischen Oeuvre zählen vor allem Prosabände. Literarisch reüssierte Mathar besonders mit Erzählungen und Romanen aus der heimatlichen Mosel-Eifel Region. Als Beispiele zu nennen sind:

Die Monschäuer. Ein Roman aus dem westlichsten Deutschland, München 1922

Unter der Geißel. Das Trauerspiel eines Volkes. Ein Moselroman aus dem 17ten Jahrhundert, München 1924

Ein voller Herbst. Drei Moselgeschichten aus drei Jahrhunderten, München 1925

Settchens Hut. Eine altfränkische, aber lustige Geschichte aus dem Hohen Venn, Freiburg 1925

Das Glück der Oelbers. Ein rheinischer Tuchmacherroman aus dem 18ten Jahrhundert, Köln 1923

Wir drei. Wohlgestückte und gebundene Moselgeschichten, Trier 1925

Ein vergleichender und summierender Blick auf die Titel zeigt bereits die besondere Vorliebe, die Mathar seiner Heimatregion entgegenbrachte. Erkennbar ist auch das historische Interesse, das ihn lebenslang geleitet hat.

Eine profunde Kenntnis der Region zeigen auch die Reisebände, die sich thematisch seiner Landschaft widmeten und zugleich den Horizont weiter zogen, geradezu wie eine topographisch-kulturelle Vermessung angelegt waren. Die Titelmatrix des anspruchsvollen Sammelwerks ließ bereits die Interessensbereiche erkennen, die hier zusammengeführt werden sollten: „Die Rheinlande. Bilder von Land, Volk und Kunst". Als erster Band erschien 1922 „Der Niederrhein". Ihm folgte 1924 „Die Mosel". Ein geplanter und vom Verlag bereits angekündigter dritter Band „Köln, wie es war, ist und sein wird", wurde im Manuskript fertiggestellt, ist allerdings nicht erschienen. Nicht nur die Eifel motivierte ihn zu literarischen Erkundungen, sondern auch der südliche Niederrhein mit seinen beschaulichen Auen und einer reichen Flußlandschaft, deren landschaftlichen Reiz er während seiner Tätigkeit als Lehrer entdeckt hatte. 1928 erschien als Ertrag dieser Zeit ein schmales, aber kundiges Bändchen unter dem Titel „Das Land an Erft und Niers. Kulturbild des Kreises Grevenbroich".

Mathar reiht sich mit diesen topographischen Fokussierungen in die Vielzahl der Autoren und Künstler ein, die sich nach dem Ersten Weltkrieg in besonderer Weise der Wiederentdeckung der eigenen Region widmeten. Schon anläßlich der Ausstellung des Kölnischen Kunstvereins „Vom Dadamax zum Grüngürtel. Köln in den zwanziger Jahren" im Jahr 1975, einer sehr frühen Aufarbeitung der rheinischen Szene der Zeit nach dem Ersten Weltkrieg, diagnostizierte Ursula Dustmann, daß man zwar „nicht leicht" etwas „Gemeinsames" im Blick auf die literarische Szene finden könne, daß es aber „bei genauerer Beobachtung" auffalle, daß „ein Thema ständig wiederkehrt und in allen Bereichen und poetischen Gattungen sowie bei fast allen Autoren vertreten ist: der Rhein als das beherrschende Thema der zwanziger Jahre".[1] Dustmanns subtile Beobachtung ist längst bestätigt. Das besondere Spektrum, das Mathar dieser Thematik eröffnete, die Rolle, die sein Italienbild als das schlechthin Andere darin einnahm, soll im Folgenden ausgeleuchtet werden.

Es wäre zu einfach, Ludwig Mathar als Vertreter der Heimatkunst zu bezeichnen, wie dies etwa Walther Killy in seinem Literaturlexikon verbreitet.[2] Dort wird Mathars erzählerisches Werk gar diagnostiziert als „Verherrlichung des Kleinbürgertums", einschließlich einer bemerkenswerten „heimatkundl. Tendenz", mit der er der „Heimatkunst nahe" stehe. Mathar verherrlichte zwar ‚seine' Landschaft in spezifischer Weise, wie zu zeigen sein wird, doch von einer Apologie agrarischer Archaik kann keine Rede sein. Mathar zählte zur urbanen künstlerischen und literarischen Moderne, war kaum mit der, wie Rossbacher nachweist, soziologisch dem nichtakademischen Milieu zuzuordnenden Garde der Heimatkünstler und ihrem Hang zur Restitution vorindustrieller Milieus vergleichbar.[3] Er war der Moderne in vielerlei Hinsicht gegenüber aufgeschlossen. Zeitweise war Mathar z.B. Mitarbeiter der WERAG, der „Westdeutschen Rundfunk Aktiengesellschaft", die nach dem Abzug der britischen Besatzungstruppen ihren Sitz von Münster an

---

[1] Ursula DUSTMANN: Literatur und literarisches Leben in den zwanziger Jahren, in: Vom Dadamax zum Grüngürtel. Köln in den zwanziger Jahren. Katalog der Ausstellung im Kölnischen Kunstverein, Josef-Haubrich-Kunsthalle, Köln 1975, S. 204-212, hier S. 208.

[2] Mathar, Ludwig, in: Literaturlexikon. Autoren und Werke deutscher Sprache, hrsg. v. Walther Killy, Gütersloh 1990, Bd. 8, S. 9.

[3] Karlheinz ROSSBACHER: Heimatkunst und Heimatroman. Zu einer Literatursoziologie der Jahrhundertwende, Stuttgart 1975.

den Rhein, in die Kölner Dagobertstraße verlegt hatte und unter der Intendanz des Schriftstellers Ernst Hardt mit einem umfangreichen literarischen Programm und produktionsästhetisch engagierten Versuchen auftrat, dem Medium neue Gattungen, etwa „Hörbilder" und Hörspiele abzugewinnen. Mathar trat auch z.B. bei der der literarischen Avantgarde durchaus zugewandten „Literarischen Gesellschaft" in Köln auf. Als die bereits 1893 von Johannes Fastenrath gegründete Gesellschaft, die in den Wirren des Kriegsendes und der unmittelbaren Nachkriegszeit ihre Aktivitäten eingestellt hatte, 1924 erstmals wieder an die Öffentlichkeit trat, war auch Mathar dabei. Im Programm von 1924/25 wird er als Schriftsteller für einen „Kölner Dichterabend" aufgeführt. Hier las er seine „Kölner Novelle"[4].

In Köln lebte Mathar im Umfeld der Künstlergruppe „Kölner Progressive", die nach dem Ersten Weltkrieg ebenso wie die Dadaisten den Anschluß des Rheinlandes an die internationale Moderne, die wir heute als die „klassische Moderne" hochschätzen, sicherte. Er war nicht nur mit August Sander befreundet, sondern pflegte mit ihm auch eine intensive Werkgemeinschaft. Vor allem in der Planungsphase mehrerer Publikationen war dies eine konstruktive Zusammenarbeit, wenn es auch im Hinblick auf das Endprodukt einige Probleme gab.

Mathar und Sander haben 1927 eine dreimonatige Sardinienreise unternommen: Zielpunkt war eine Veröffentlichung, die den bildkünstlerischen und literarischen Ertrag dieser Reise bündeln sollte. Nach Verlagsquerelen wurde dieses Vorhaben allerdings aufgegeben. Sander gab daraufhin die Photos alleine heraus. Unabhängig von Mathars Verarbeitung der Sardinienerfahrungen erschien sein Bildband: „Eine Reise nach Sardinien. Fotografien" noch im gleichen Jahr.

Es war nicht das erste gemeinsam mit Sander geplante Projekt, das nicht zustande kam. Man muß das aus der Rückschau bedauern, denn die beiden standen sich in ihrem künstlerischen Wollen recht nahe. Schon 1926 hatten Sander und Mathar verabredet, ein Rheinlandbuch, den Band „Der Mittelrhein", den Mathar in Auftrag hatte, mit Photos von Sander zu bestücken. In einem Empfehlungsschreiben, das Mathar für den Photographen verfasste, gibt er dem Freund das Ziel vor: Die Photographien sollten „die Blüte der rheinländischen Kultur im künstlerischen Bilde festzuhalten suchen, die unbedingt auf dauerhafte Bedeutung An-

---

4 DUSTMANN, S. 208.

spruch erheben können"5. Damit traf Mathar das Bemühen, das Sanders photographisches Mappenwerk eines „Antlitz des zwanzigsten Jahrhunderts" schon im Titel ausdrückte, unmittelbar.

Nach dem Scheitern des Sardinienbandes kühlte die Freundschaft mit dem Kölner Photographen merklich ab. Dennoch dürfen wir den Einfluß Mathars auf den großen Photographen nicht zu gering einschätzen: 1926, also noch vor Sanders eigentlicher, erst 1929 beginnender Hinwendung zum Sujet „Rhein", dem er fortan einen besonderen Platz in seinem Oeuvre einräumte, hatte ihn Mathar auf die Bedeutung des Rheins als ‚Kulturlandschaft' aufmerksam gemacht, ein Aspekt, der zweifellos auch bei der gemeinsamen Italienexpedition eine Rolle gespielt haben dürfte. Das oben zitierte Empfehlungsschreiben für Sander aus dem Archiv der Photosammlung, die die SK Stiftung Kultur in Köln verwahrt, zeigt, daß hier Gemeinsamkeiten lagen, durch die die Themen „Rhein" und „Italien" unter dem Aspekt einer mentalen und identifikatorischen Eroberung einer Landschaft in Beziehung gesetzt werden können. August Sanders Enkel Gerd Sander erinnerte sich anläßlich der Ausstellung „Zeitgenossen. August Sander und die Kunstszene der 20er Jahre im Rheinland" im Jahre 2000: „in erinnerung geblieben sind mir vor allem die gespräche über die zeit bis 1933. die maler und bildhauer seiwert, hoerle, adler, freundlich, schmitz, ronig wurden immer wieder erwähnt, […] der schriftsteller mathar […] und viele andere, alle diese menschen haben im leben von anna und august sander und ihrer familie eine große rolle gespielt."6

Mathar selbst hat vor allem auch als Bildsujet in Sanders Werk einen herausragenden Platz eingenommen. In seinem Meisterwerk: „Das Antlitz des zwanzigsten Jahrhunderts" finden wir ihn in der Gruppe der „Schriftsteller". Hier hatte Sander zwar typische, berufsspezifische Porträts aufnehmen wollen, doch dominieren rein zahlenmäßig die Autoren aus seinem Kölner Umfeld. Lediglich eine Photoreise nach Berlin gibt mit Porträts von Raoul Hausmann und Erich Mühsam dem Katalog zeit-

---

5 Ludwig MATHAR, Empfehlungsschreiben, September 1926, Dokument in der REWE-Bibliothek im August Sander Archiv. Die Photographische Sammlung/SK Stiftung Kultur, Köln.

6 Gerd SANDER: Nachwort, in: Zeitgenossen. August Sander und die Kunstszene der 20er Jahre im Rheinland, Katalog der Ausstellung in der Josef-Haubrich-Kunsthalle Köln, 2000, S. 210f., hier S. 211.

genössischer Autoren einen über die Region hinausweisenden, links-intellektuell gefärbten Horizont.[7]

Mathar hat sich, betrachten wir die frühen Veröffentlichungen, also mit zwei topographisch, zunächst im wahrsten Wortsinn, weit entfernten Landschaften beschäftigt, ja, sein Leben und schriftstellerisches Werk geprägt. Auf die Fülle seiner Publikationen über Italien kann hier nicht eingegangen werden. Primär gilt es, die besondere Verquickung, die das Rheinland und Italien im Werk erfahren haben, exemplarisch herauszuarbeiten.

Mathars Italienbild

Mathar hatte in mehrfacher Hinsicht sein Italienbild ausprägen können. Als junger Mann verbrachte er, wie erwähnt, zwei Jahre im römischen Konvikt St. Paul vor den Mauern. Mehrere nachfolgende Italienaufenthalte stärkten seine Kenntnis von Land und Leuten und intensivierten seine Zuneigung zu diesem Land. Nicht zuletzt haben ihn intensive Lebenszeiten vor allem an Sizilien und Sardinien gebunden. In diesen beiden Inselregionen legte sich die aufeinander zugeordnete Doppelperspektivik des Italienbildes an: unberührte Natur und abendländische Kultur- und Geistestradition.

Von besonderem Interesse sind unter diesem Aspekt die Reisereminiszenzen, die ihn durchaus als Italienkenner bekannt machten: „Primavera. Frühlingsfahrten ins unbekannte Italien". Das Reisebild erschien 1926 im Bonner „Verlag der Buchgemeinde" in deren Reihe „Belehrende Schriftenreihe" als Nr. 2 der „Jahresreihe" 1926 und enthielt außer 101 Photoabbildungen auch fünf Zeichnungen nach Vorlagen von Ludwig Ronig. Sie markieren die Anbindung, die Mathar an die rheinische künstlerische Avantgarde hatte. Der drei Jahre jüngere Ludwig Ronig war in Köln geboren, hatte nach einem Kunststudium in Düsseldorf, Weimar und Stuttgart Bilder mit religiöser Thematik ganz im Einflußbereich der utopiesehnsüchtigen Nachkriegskünstler geschaffen. Kirchenfenster gehörten ebenfalls zu seinen Anwendungsbereichen, so die 1939 gestalteten Fenster in der St. Servatiuskirche in Köln-Ostheim. Ronig

---

[7] Vgl. Gertrude CEPL-KAUFMANN: August Sander und sein künstlerisches Umfeld. Die Schriftsteller, in: Zeitgenossen, S. 163-172.

stand der katholischen Liturgiebewegung nahe, der sich auch Mathar, ganz in der spirituell geprägten Atmosphäre der rheinischen Intellektuellen und Künstler zuhause, verbunden fühlte. Zu seinen Künstlerfreunden zählten, wie für Mathar, Heinrich Hoerle, Franz Wilhelm Seiwert und Anton Räderscheidt. Ronig und Sander mochten sich auch im Atelier von August Sander getroffen haben.

Daß Mathar die Zeichnungen Ronigs in den Band aufgenommen hat, entsprach kaum einer notwendigen Konzeption, denn der Band enthält durchweg thematisch an die Texte gebundene Photographien, die ein weitaus höheres Maß an Stringenz ausstrahlen als die Themen, die Ronig beisteuerte. Ronigs Zeichnungen waren auf einer seiner Italienfahrten entstanden, die er im Laufe seines Studiums unternommen hatte. Wenn wir sie mit den stark kunstgeschichtlich ausgerichteten Photos vergleichen, wird hier der Aspekt einer innigen, fast volksfrömmigen Perspektive eingebracht. Titel wie „Sardischer Bauer" und „Römisches Volksleben" lassen diese Intention der Zeichnungen erkennen.

Doch kommen wir zum Besonderen, das Mathars Reisebuch ausstrahlt: Die Titelmatrix führt uns unmittelbar in den Problemdiskurs des Textes, denn Mathars Italienlob, das sich an die Frühlingsmetaphorik bindet, ist auch die Flucht in eine Sehnsuchtslandschaft. Sie war ebenso motiviert durch die eigenen Erfahrungen in diesem südlichen Teil Europas, zweifellos auch beflügelt durch die literarisch bekannten Italiensehnsüchte, die ihm nicht zuletzt durch sein Studium bekannt gewesen sein dürften, doch ebenso durch den massiven Wunsch, der aktuellen heimischen Misere zu entkommen. Die „Frühlingsfahrten ins unbekannte Italien" setzen auf einen Neubeginn, der nicht zuletzt vom selbstgesetzten Versprechen an das Ziel der Reise, das vom „unbekannten", vulgo: zu erobernden Fremden ausgeht. Hier tritt dem Wunsch nach Abgrenzung des Eigenen gegenüber dem Fremden, der jeder Identitätssetzung vorausgeht, eine Grenzvorstellung zur Seite, die als positiver Reizfaktor erscheint: dem nach Überwindung der Grenze vom Eigenen zum Fremden, Neuen. Dazu mußte, so signalisierte es Mathar, ein emotionaler Entwicklungsschub, ein zeugungsfreudiger „Frühling" kommen, denn nur so konnte etwas ins Recht gesetzt werden, das zunächst in den Beschränkungen des eigenen Seins verloren schien. Ein den Reiseimpressionen vorangesetzter Text „Zum Geleit" steuert denn auch die Disposition des Lesers wie sie in gleicher Weise die Selbstpositionierung des Autors bestimmt.

Es lohnt, dieses „Geleit" im wörtlichen Sinne zu verstehen, nämlich als Text mit einer wichtigen und vom Leser ernstzunehmenden Leitfunktion für das Verständnis des Textes.[8]

Eine emphatische Begrüßung der personalisierten „Primavera" strukturiert die Eingangsszene: „Italienischer Frühling, wer könnte deinem geheimnisvollen Zauberlocken widerstehen!" (S. 9) Primavera, einerseits an Botticellis Bildwelt erinnernd, ist hier zugleich aber auch so etwas wie eine feminine Verführerin aus einem alternativen Kontext, erscheint als Zauberin, als Feenwesen, an die Loreley zu Hause erinnernd! Ihr, der Verführungskraft des weiblich personalisierten „Frühlings", gibt der Autor zugleich eine Kontur, eine Begründung für ihren Reiz. „Das ist die Sehnsucht nach Duft und Farbe und Sonne, nach wolkenlos blauem Himmel, nach seligen Gestaden schimmernder Meere, nach der herrlichen Kunst der Kathedralen und Museen, nach marmorstolzen Hallen fürstlicher Paläste, nach verschwiegenen Gärten, wo der stäubende Strahl in kristallene Schalen rauscht, wo Götterbilder durchs lorbeergrüne Gezweige schimmern." (S. 9) Er sammelt förmlich die Ingredienzien, die sein Vorurteil, seinen hermeneutisch abgesteckten Horizont prägen, entwirft ihn aber zugleich weit über die Titelanspielung hinaus. So erfahren wir, was den Süden überhaupt ausmacht:
Die Natur: Sie geizt nicht mit Duft, Farbe und Sonne, bietet Wärme, wolkenlos blauen Himmel und schimmernde Meere.
Die Kunst: Kathedralen und Museen, marmorstolze Hallen fürstlicher Paläste winken dem Besucher.
Geist: Über Natur und Kunst erkennen wir eine Metaebene „verschwiegene Gärten, wo der stäubende Strahl in kristallene Schalen rauscht, wo Götterbilder durchs lorbeergrüne Gezweige schimmern." (S. 9) Die Konnotationen Garten Eden, Geheimnis, Gral und Dichterruhm stellen sich ein.
Die Trias, die Mathar hier vorgibt, wird im Text in ihrer engen Verzahnung literarisch realisiert. Dem Entwurf folgt eine Klarheit vermittelnde Interpretation, die zugleich das dichotomische Weltbild, das Autor und Text prägt, enthält:

---

8 Im Folgenden werden die Nachweise unmittelbar mit Klammern im Text genannt. Zitiert wird nach: Ludwig MATHAR: PRIMAVERA. Frühlingsfahrten ins unbekannte Italien. Bonn 1926 (Buchgemeinde Bonn. Belehrende Schriftenreihe Bd. 2; Jahresreihe 1926, 1. Bd.).

„Das ist im Grunde nichts anderes als der uralte, in dunklen Nordland-
nächten aufquellende Drang nach den reinen, warmen Quellen paradie-
sischen Menschseins." (S. 9) Hier erscheint der Natur, Kunst und Ideo-
logie umspannende Italienentwurf als Alterität schlechthin. Der Para-
diessehnsucht entspricht die apokalyptische Existenz Deutschlands, die
hier in entsprechenden Bildern angelegt wird: „Ein Kerker scheint uns
dieses arme, besiegte, zwieträchtige Deutschland." (S. 9) Nur wenige
Andeutungen greifen unmittelbar auf die historische Problemsituation
im Rheinland zurück, dürften aber dem zeitgenössischen Leser evident
gewesen sein. In diesem Jahr 1926 wird zwar das Rheinland partiell und
vor Ablauf der vereinbarten, nach dem Versailler Diktat festgelegten
Fristen geräumt, doch die Spuren der Besetzung, des Ruhrkampfes sind
noch unmittelbar spürbar und prägen die im Text erscheinenden Gegen-
sätze von Freiheit und Zwang. Konkret ist es die „harte Fron der Schuld-
knechtschaft", die man „an lächelnden Seen, brandenden Küsten, auf
hesperischen Fluren, in kunstgesegneten Städten zu vergessen" (S. 9)
trachtet. Die Wettermetaphorik zwischen „Wintersturm" = Deutschland
und „strahlendem Frühling" = Italien fixieren die alternativen Systeme
im Jahreslauf. Dies trägt zwar nicht allzusehr, denn der realpolitischen
Verweisebene in Deutschland ist nur ein utopisches Konstrukt Italien
gegenübergestellt, doch der Text hat, vielleicht nicht zuletzt wegen des
Reihentitels als „belehrende Schriftenreihe" eine Entlastungsfunktion
für deutsche Leser. Hier wird eine kollektive Identität aus einer kollekti-
ven kulturellen Erinnerung abgerufen: „Ein Ärgernis schier wird der
staunenden Welt der unablässige Pilgerzug des Volkes dieser unverbes-
serlichen Schwärmer und Träumer." (S. 9) Alle Deutschen wollen „ihre
Not vergessen und inmitten eines Märchenfrühlings, für eine Weile
wenigstens, glücklich sein" (S. 9). Eine literarische Glücks-Existenz
wird in diesem Reisebuch inszeniert.

Der realen, auf die Zustände in Deutschland anspielenden Textebene
folgt eine weitere Verweisschiene, die sich nach Völkerstereotypen, speziell nach der Dichotomie vom germanischen und romanischen Lebens-
kreis ausrichtet. Dazu begibt sich Mathar in die Geschichte und sucht
dort auf, was ihm für seine Argumentation brauchbar scheint. So ist es
für ihn „germanische Abenteuerlust", der „Hunger nach bunten, wahllos
gereihten, aber erlebnisschweren Tagen", die „Karl und Otto und die
staufischen Friedriche immer wieder nach dem gefahrvollen Süden
trieb" (S. 9). Heldische Bewährung, die in Deutschland damals in der
aktuellen Lage nicht möglich war und generell mit dem unglücklichen

Ende des Ersten Weltkriegs verloren schien, wird nun mit der historischen Zeugenschaft eingebracht. Karl der Große, der erste Sachsenkaiser
und die Staufer fungieren hier also ebenfalls mit einer Ersatzfunktion.
Aus dem historischen Komplex entwickelt Mathar nun ein aktuell be-
ziehbares, bürgerlich abgespecktes Programm, das auch den Tenor der
meisten seiner Texte über einzelne italienische Topographien auszeich-
net. Wie die großen deutschen Kaiser machen es nun die Kleinen: „Ja, so
ergeht es den meisten von uns Italienfahrern im kleinen: Aus der Enge
und Regel der nordischen Heimat, aus Amt und Geschäft reißt es uns auf
einmal übermächtig zu dem reichen Wechsel italienischen Lebens hin."
(S. 9)

Was suchte Mathar in Italien: ein Arkadien, einen *locus amoenus*?
Es fällt nicht schwer, vor allem auf dem Hintergrund der Fülle der historischen Anspielungen, der vielfältigen Intertextualität und im Kontext
eines mit einer christlichen Heilssymbolik vertrauten Autors, auf eine
mittelalterliche Verstehenslehre zurückzugreifen und dem Text einen
vierfachen Schriftsinn zu entlocken. Damit kann man vor allem dem ihm
eigenen Telos gerecht werden und ihm in der Gesamtintention einen
Platz in einer *hermeneutica sacra* zuweisen:
Der *sensus litteralis* findet sich in der Realität Italiens.
Der *sensus allegorius* bietet schon der Titel als Frühling, samt seinen
Implikationen von Schöpfertum, Zeugungskraft, froher Zukunftszuge-
wandtheit.
Der *sensus tropologicus* wäre auf der politischen Ebene anzusiedeln, der
beschriebenen Dichotomie von düster-germanischem ‚besetztem' Nor-
den und hellem warmen, lebensvollen, politisch freien Süden.
Der *sensus anagogicus*, die eschatologische Ebene aber ist wie eine
dominante Zielprojektion die weiteren Ausführungen des Geleitwortes
bestimmend. So entwirft Mathar eine Heilslandschaft, die sich aus den
Defiziten seines Erfahrungsraumes Deutschland bestimmt:
„Wie des Frühlingshimmels kristallener Dom baut sich hier des Welthei-
lands Reich, von Zweifel und Zwietracht nicht zerrissen. Eins ist hier
Volk, Glaube und Kunst. Kindlich, aus den Tiefen des Gemütes erwach-
sen, nicht zerfressen von der nordischen Kälte des Verstandes ist hier der
Glaube. Glückliches Volk, das in den Grüften der Märtyrer, an den Gräbern der Apostel, in altchristlichen Basiliken, in dem gewaltigsten aller
Dome beten darf. Hier ist Christus und in ihm der erhabene Pontifex
wahrhaft König, Priester und Vater." (S. 10)

Abb. 1: Römisches Volksleben (nach einer Zeichnung von E. Ronig),
aus: Ludwig Mathar, Primavera.
Frühlingsfahrten ins unbekannte Italien.

Vieles ließe sich zur Fundierung dieses eschatologischen Universalismus im konnotativen Feld zusammentragen, um Mathars Botschaft zu verstehen: Novalis aufklärungskritische Schrift „Die Christenheit oder Europa" mit der dort projektierten Rückwendung in eine vorreformatorische Zeit, die Suche nach einer antirationalen, antiaufklärerischen Ganzheit, das Denkbild vom „ganzen Haus", also ein patriarchalisches Weltbild, in dem Gott, Christus, König, Priester und Vater analogisiert und parallelisiert werden, jeweils den schützenden Schild ergeben, der zur Gewährung dieses universalen Seins in den einzelnen Lebenszusammenhängen nötig ist. Nicht zuletzt ließe sich an die Weltreichtheorien und politischen Programme der Heidelberger Romantiker denken, die vom Rhein her die Zukunft Deutschlands am Ende der Befreiungskriege dachten. Besonders deutliche Analogien ergeben sich zu Friedrich Schlegel, der, beeinflußt durch seine Reisen nach Paris und Köln, Natur und Kirche als Klarheit und Verklärung sah und das Rheinland als Heilslandschaft verstand.[9] Mathar sah das Rheinland als eine ebensolche Heilslandschaft, kompensierte die Unerfüllbarkeit aber mit einer Überschreibung auf Italien, ohne allerdings das eigene Wollen aufzugeben.

In dieser retrospektiven Universalismusvorstellung erkennen wir in der Tat viel Romantisches. Der Kindheitstopos wird utopisch entworfen und findet im italienischen Volk eine Entsprechung, denn in diesem Völkerfrühling lebt in „milder Herrlichkeit ein kindlich frommes Völkchen mit den lieben Heiligen". – Einmontiert wird, wie in einem mittelalterlichen Tafelbild, das Mathar so oft in Kölner Kirchen und Museen wahrgenommen hatte, ein zwischen Biedermeier und Praeraffeliten vagierendes Familienidyll, bei dem allerdings die Rolle des heiligen Joseph auf die spirituellere Figur des Franziskus von Assisi übertragen wurde. Es ergibt sich ein Tryptichon, auf dem ein heiliges Figurenensemble seine Plätze einnimmt, raumgreifend: „Maria ist traut wie eine irdische Mutter. Mit dem Bambino spielen die Kindlein. Freund der Armen und Kleinen ist noch immer St. Franz." Die Spiritualisierung dieser profanen Szene ist Teil des Betrachtungsprogramms, das Mathar hier inszeniert. Es geht bruchlos, visualisiert in der amaterialen Bedeutung des Regenbogens, in die himmlische, quasi zeitlose und ‚sündenfreie' Sphäre über, denn „das ist ja dieses ewigen Frühlings berückende Schönheit, daß unter dem fleckenlos blauen Himmel Mensch und Natur und Gott eine festverwur-

---

9 Friedrich SCHLEGEL: Burgruinen, in: Kritische Schlegel-Ausgabe, hrsg. v. Ernst Behler, Abt. I, Bd. 4, Paderborn 1959, S. 186-192.

zelte Einheit ist, irdischer und himmlischer Frühling, wie Regenbogen und Erde, wie eine wunderherrliche Verklärung ineinanderschimmernd." (S. 10)

Die Heilslandschaft überwindet – und in diesem Sinne binden sich die historische und die aktuelle, die gesellschaftspolitische und die konfessionelle Problematik miteinander – beides, die „Völker- und Glaubenszwietracht." (S. 10)

Zum Ende seines programmatischen Textes gibt Mathar auch das ästhetische Programm an, unter dem er seine Wanderschaft, besser seine „Pilgerschaft" antreten will: „mit leichtem Gepäck, mit heiterem Sinn und kindlicher Seele." (S. 10) Hier korreliert die Titelmatrix vom „unbekannten" Italien mit der schöpferisch ungeprägten Kindlichkeit, deren sich Mathar nun gänzlich verschreibt. „Sonntagskinder" und „Frühlingskinder" sind identisch, beide sind „heimliche Maler und Poeten". Sie wandern natürlich außerhalb der befahrenen Straßen, meiden die Massen und die „wohlvertretenen Hauptstätten". (S. 10) Später wird der Einsamkeit suchende Wanderer schnell aus dem überlaufenen Venedig fliehen und das „Ewige Rom" erst gar nicht ansteuern.

Am deutlichsten erschließt sich die Sehnsucht nach dem Heilen und Unberührten, wenn Mathar von Sardinien, der Insel seiner wahren Italienidentität, spricht. Hier fühlt er sich er wie Kolumbus bei der Entdeckung unberührten Landes.

Lebens- und Reiseziele in Italien
Was findet der Wanderer und Pilger?

Nicht ohne Grund stellt Mathar einen Besuch im Benediktinerkloster St. Paul an das Ende seines Italienbesuches. Landschaft und Raum um das Kloster erweisen sich als der schon lange heimlich avisierte Zielpunkt einer Reise, die doch ein Umrunden, zwar nicht der Welt, aber doch des wie ein Mikrokosmos erfahrenen abendländischen Kernlandes vorausgesetzt hat. Es ist die epigrammatisch formulierte Erkenntnis: ‚Der kürzeste Weg zu sich selbst geht um die Welt'. Wir werden erinnert an Heinrich von Kleists Aufsatz „Über das Marionettentheater", in dem dieser die fundamentale Denkbewegung ins Bild setzt und erkennt, daß die gedankliche und lebensplanerische Umkreisung des Universums erst die Welt wieder in ihrer Ganzheit herstellt. So erfüllt sich im Anblick des Klosters „der Traum meines Mannesalters, endlich die Stätten meiner Jugend wiederzusehen." (S. 230) Hier hatte Mathar, ermöglicht durch den Onkel, als 17jähriger zwei Jahre verbracht. Nun sind 25 Jahre vergangen. Die Stille, die Intensität der Klosteranlage, der Blick in die Tiberebene locken Erinnerungen hervor, lassen aber auch die späteren Jahre Revue passieren und ein Leben summieren. „Fünfundzwanzig allzuschnell entflohene Jahre. Wilde Stürme, wildes Wandern. Aber auch Erstarken und Regen der Künstlerschaft." (S. 230) Was Mathar als allegorische Wanderung des Lebens erinnert, ist vor allem vom frühen Kunsterleben im Kloster geprägt, eine Erfahrung der „hohen und reinen Kunst". (S. 230) Für den Jungen aus der Monschau-Aachener Provinz bedeutete dies einen Fundus an Kunsterfahrung, der ihm nun bewußt wird. Noch einmal erlebt er die Baugeschichte der Kirche im Geiste. An ihr zeigen sich die Jahrhunderte im Zeichen der Päpste. Hier erleben wir die Innigkeit, mit der sich Mathar in der Anschauung der Formen christlicher Frömmigkeit erschließt, etwa beim Anblick der nach dem großen Brand entstandenen Bauteile, die ihm in innerer Anschauung die ursprüngliche Anlage zurückrufen: „Noch verdecken die vier Alabastersäulen des 1840 vollendeten Baldachins nicht die von Innozenz III. begonnenen, von Gregor IX. vollendeten, von venezianischen Künstlern in ‚byzantinischer Rückerinnerung' an die Kunst des 5ten Jahrhunderts geschaffenen Mosaiken der Tribunal diesen zwischen Petrus, Paulus, Andreas und Lukas, über Engeln und Heiligen majestätisch thronenden und segnenden Christus, dieses tief und warm schillernde Gemälde von Grün und Blau." (S. 233) Zeit- und Raumtransparenz ermöglichen in innerer Wesensschau den Anschluß an die allegoretisch sich vermittelnden Kunstschönheiten. Hier mag der junge Mathar die Fähigkeit der Allegorese erlernt, anverwandt bekommen haben. Ihr wird er lebenslang treu bleiben. Die Fähigkeit, die Symbolstruktur der Kunst als Medium metaphysischer Erfahrung zu verarbeiten und im Wiedererkennen dieser Strukturen auch den Weg in die Geborgenheit göttlicher Heilszusage zu finden, ist ihm hier vermittelt worden und er wird sie zeitlebens behalten. Damit dürfte Mathar die weitreichendste Voraussetzung gegen die Entfremdungserfahrungen der Moderne, die viele seiner Schriftstellerkollegen in existentielle Nöte brachte, erworben haben. Ihrer kann er sich nun ein weiteres Mal vergewissern und auch hier sich wieder neu armieren gegen die Bedrängnisse, die ihm im heimatlichen Rheinland entgegen standen. Zwei Ereignisse erinnert der nun 44jährige: die nächtliche Neuweihe einer durch einen Selbstmörder entweihten Basilika und die Erinnerung an einen strahlenden Ostermorgen. (S. 234) Beide haben teil an der Lichtsymbolik, die das Leben im Kloster mitbestimmte.

Kernstück von St. Paul ist der Kreuzgang, der nun im Text nach einer zwar nicht nüchternen, doch sachlich differenzierten Vermittlung der Kunstschätze des Klosters die Schlußapotheose des Textes bestimmt. „Und wer kann sich dem Zauber des Kreuzganges entziehen! Auch der flüchtige Reisende und Pilger nicht." (S. 234) Diese „Klosterkunst" verdichtet sich zum Kernstück sakraler Identität, die sich nun dem Leser als eine auch das Buch prägende Gegenwelt erweist. „Ja, das ist benediktinische Klosterkunst, wie sie Byzanz die Mönche von Monte Cassino gelehrt, wie sie auch im benediktinischen Monreale die Bewunderung der Welt erregt. Es ist die aus mönchischem Frieden empor blühende Lieblichkeit, die unsere zerrissene, wurzellose, unstete Zeit nicht mehr kann, aber wie alles Verlorene, Unerreichbare wehmütig liebt." (S. 235) Ein hymnischer Abgesang krönt diese neuerliche Begegnung: „O ihr in die klare Bläue des südlichen Himmels duftenden Rosen, o ihr im zartesten Schatten emporringenden Säulchen und du, benediktinische Stille frühester Morgen, friedlicher Abende, o du Traum meiner ahnungslos dämmernden Jugend, all ihr hellen, heiteren Klostertage von S. Paolo, seid mir von dankbarem Herzen gegrüßt." (S. 235)

Was die Kunst des Klosters und die Lehre des Heiligen Benedikt ihn erkennen ließen, enthüllt sich ihm heute, angesichts des Wiedersehens, als Bestätigung seines Lebens: „Was du sein willst, das sei ganz!" (S. 236) Diese Ordensregel gilt auch ihm: „Das war auch mir, der hier einst als Knabe in kindlicher Einfalt wandelte, unter Schmerzen und Kämpfen im Weltleben klar. Nämlich: daß unser eigenes Leben wie alles Hohe rein und wahr sein muß!" (S. 236)

Was macht nun das „unbekannte Italien" Mathars aus?
Mathars Fahrt erfüllt die in der Titelmatrix behauptete Unbekanntheit kaum, denn von der oberitalienschen Grenzstadt Como über Sardinien bis Bari, Aquila bis zu den Sabinerbergen und dem alten St. Paul begegnet uns bereits im Inhaltsverzeichnis ein durchaus klassisches topographisches Repertoire. Es ist also weitaus weniger die Entdeckung unbekannter Orte als die originelle Perspektive und das Interesse, das Mathar an seinen Gegenstand heranträgt. Hier wäre eine textanalytische Mikroanalyse mit der Gattung des Reiseberichts, des Reisetagebuchs und anderen gattungspoetischen Mustern notwendig, denn nicht zuletzt in der Zeit der Weimarer Republik erlebten sie eine besondere Blüte. Ein kurzer Verweis mag hier genügen, um Mathars Reisebuch einzuschätzen:

Kaum ein historisches Ereignis hat die Sicherheit der Zeitgenossen so grundlegend zerstört wie der Erste Weltkrieg. Nicht zuletzt die Versuche, ein Heil durch die Flucht in andere ideologische Räume zu finden, zeichnen die literarischen Bemühungen der Autoren der zwanziger Jahre aus. In ihrem Spektrum übernimmt Mathar zwar keine einzigartige, aber eine spezifische Konzeption. Die Flucht aus einem an seiner Entgötterung und an den Entfremdungserfahrungen reichen Zeit in die Glaubenslehren alternativer Kulturen hatte zwar schon in den neunziger Jahren unter dem Einfluß von Monismus und Haeckel' schem Denken begonnen, doch war die Betroffenheit nach der Entwurzelung durch die mechanistische Kriegsbestialität so groß, daß wir nun eine weitere Runde erkennen, die sich zunehmend in Auseinandersetzung mit den Ideologien der Zeit verorten läßt: Zwischen dem weißen Sozialismus amerikanischer Prägung, der die Gemüter von George Grosz, Bert Brecht, John Heartfield und anderen fasziniert, und dem roten Modell sowjetischer Prägung, das wir bei Friedrich Wolf, Franz Jung und Lion Feuchtwanger finden, vagieren die Zuneigungen, kennen wir eine Fülle von Texten. Auch China, dessen wirtschaftliche Potenz nun als abendländische Bedrohung empfunden wird, läßt die Schriftsteller eine Begegnung mit dem Reich der Mitte suchen, etwa Alfons Paquet oder Richard Hülsenbeck, der als Schiffsarzt eine Fülle von Reiseerfahrungen verarbeitet hat.

In Kreisen der rheinländischen Autoren, zu denen wir Mathar ja in besonderer Weise zählen können, waren die Einflüsse der geopolitischen Forschung besonders wirkmächtig. Sie wurden vom Kölner Wirtschaftswissenschaftler Bruno Kuske dominant vertreten. Intensive Beziehungen zur rheinischen Literatenszene legen nahe, daß auch Mathar Kuskes Arbeiten kannte. Eine Fülle von politisch-utopischen Schriften finden wir entsprechend in Kreisen rheinischer Autoren. Zu nennen ist etwa Josef Ponten, der wie Mathar aus dem belgisch-niederländischen Grenzland stammte, dessen „Weltreich"-Theorie ganz erheblich von Kuske beeinflußt war. Die Fokussierung auf ein rheinisch-deutsches politisch führendes westeuropäisches, von Deutschland angeführtes Machtzentrum hat er vor allem in Essays, z.B. „Rheinstrom – Weltstrom" begründet. [10] Diesen auch in vielen weiteren Publikationen der Zeit anklingen-

---

[10] Josef PONTEN: Der Rhein. Eine geographisch-historische Betrachtung; Rheinstrom – Weltstrom. Die beiden zuvor in Zeitschriften erschienenen Aufsätze wurden öffentlichkeitswirksam zu den Jahrtausendfeiern der Rheinlande zusammengefaßt: Der Rhein. Zwei Aufsätze. Gabe zur Feier der Tausend Jahre der Rheinlande, Stuttgart 1925.

den Denkbildern zugrunde lag die Idee eines deutsches Mittelalters, das sich des Gründungsmythos eines Karls des Grossen ebenso versicherte wie der blühenden Handelskultur und der politischen Macht entlang der ‚Pfaffengasse' des mittelalterlichen Reiches. Diese retrospektive Utopie, für die vor allem auch Alfons Paquet gestanden hat und die er mit seiner Rede „Der Rhein als Schicksal" im November 1919 in den Räumen der Kölner GdK, der „Gesellschaft der Künste", zu der auch Mathar gehörte, in Köln begründet hatte, war ungeheuer wirkmächtig. Von diesen geschichtsspekulativen Ansätzen unterscheidet sich Mathar um einiges, denn der Rekurs auf Italien gibt seinem Nachdenken über das Rheinland, das sich in seinen Texten auffinden läßt, eine ganz eigene Sicht. In sehr viel konkreterer Hinwendung an die Topographie und Identität einer genuinen Italien-Landschaft sucht er in Italien zwar auch das verlorene Mittelalter, doch weitaus weniger als Kompensation und Fluchtpunkt denn als Bestätigung, daß es diese für Deutschland und speziell das Rheinland verlorene Heimat im religiösen und kulturellen, in der Lebensform und Freiheit noch gibt. So fehlt in seinem Italienbild weitgehend jede Geschichtsklitterung. Allerdings sucht er dort die Beständigkeit historisch gewachsener Entitäten, die in ihrer Summe ein heiles Bild von Italien abgeben und als Matrix gelten, aber nicht einverleibt oder verbal erobert werden sollen.

Mathar widmet sein Interesse in einzelnen Kapiteln dem Besonderen eines konkret benannten Ambientes, nähert sich mit einem profunden kunsthistorischen Wissen und einer professionell eingesetzten Fachterminologie einem Thema, etwa dem „Dom von Modena". Er verbindet aber die historischen Bedingungen, unter denen das Bauwerk entstand, mit der aktuellen Situation und der atmosphärisch dichten Wahrnehmung der umgebenden Landschaft, in der er die Kirche antrifft, und gibt seinem Text so eine ganz eigene Färbung. Der Text geht von einer schwärmerischen, doch auch kunsthistorisch-ästhetisch dimensionierten Beschreibung des Baues aus, sucht dabei aber vor allem die aktuelle Wirkung auf den Betrachter, konkret auf Mathar selbst, einzufangen. So wird das pulsierende Leben des Marktes emphatisch wiedergegeben, der Leser appellativ einbezogen: „Und wie flutet im Innern der Stadt durch die Arkaden der Via Emilia, an Hunderten von Lädchen vorbei, das Leben!

Und wie wimmelt der weite Platz vor dem Herzogspalaste, wenn ihn um Mittag oder Abend die Kriegschüler verlassen!

Ja, diese Stadt hat auch ohne die Este etwas Urgesundes, Flinklebendiges im Blut, etwas unverwüstlich Frisches, die Röte des fruchtbaren Landes, nicht die Schminke der Modedame, im Antlitz, hat trotz ihrer 2000 Jahre Saft und Kraft in den Knochen.

Man fühlt und sieht bei jedem Schritt und Tritt: sie lebt." (S. 39)

Der Autor legt seine Beschreibung, seine Aufnahme historischer Daten, die atmosphärische Ausstrahlung als eine Climax an, die in der Wirkung auf den Autor selbst, vermittelt über die Wirkung der spezifisch ästhetischen Dimensionen, die sich ihm geradezu rauschhaft erschließen, letztlich in der Bewunderung des verehrten italienischen Volkes gipfelt: „Als ich aus der Dämmerung der Krypta zu dem Langhause wieder emporstieg, ward ich geblendet von dem Wunder des Lichts, das aus der großen Fensterrose des Campionesen in das kühle Dämmer des Domes quoll.

Darum also brachen sie der scheidenden Sonne dieses noch einmal aufleuchtende Auge!

Nun stand ich verzaubert, meine Seele klang und schwang in dem unendlich sich weitenden Raum.

Ich sah die Wunder des Lichtes in den Schwefelbergen Siziliens, ich sah sie auch um die Giebel und Zinnen dieses Doms.

Licht sprühte vom östlichen Giebel. Im Lichte flammt der gewaltige Turm. Selbst der plump klassizistische Uhrturm des Stadthauses und seine schwerfällige Kuppelhaube scheinen nun über die flachen, ehedem zinnenbekrönten Dächer des Palazzo Communale emporzuschweben.

Wie eine von Riesenhand gereckte Fackel glüht die Ghirlandina in den Abendhimmel.

Und nun wogt auch noch aus der Glockenstube melodisch, gewaltig der Vielklang der uralten Glocken.

Da steht das Volk von Modena, sonst so emsig und hastig, auf dem Domplatz, dem Großen Markt, am Denkmal des großen Muratori, im Strudel der Via Emilia ein Weilchen still.

Horch! Das ist der Gruß der Ewigkeit.

Und schaut in Ehrfurcht, Bewunderung und Liebe seinen Dom." (S. 43)

Die Einzigartigkeit des eigenen Erlebens stellt Mathar in einen krassen Gegensatz zum Massenerleben, das ihn zur Flucht aus der Touristenhochburg Venedig motiviert: „Und nun stürzen sie aus der Enge des Bahnhofs, die Allzuvielen." (S. 51) Deutlich liest sich hier eine Anspielung auf Nietzsches Masse- und Demokratieskepsis, die aber in dieser

Analyse im Hintergrund bleiben mag. Das Image, das diese Touristen ausstrahlen, verstärkt jedenfalls diese Abscheu und läßt die Differenziertheit der eigenen Wahrnehmung in einem besonderen Licht erscheinen. Nicht zuletzt erkennen wir unsere bis heute anhaltende eigene, norddeutsch-rheinländische Überheblichkeit gegenüber dem süddeutsch-bayrischen Element wieder: „Mit Rucksack beschwert, in Wadenstrümpfen und Jodelhütchen, in Lederhosen und Lodenjoppen. Als ob's auf die Zugspitze oder die Dolomiten ginge." (S. 51) Die Abscheu gegenüber den Bajuwaren findet aber eine zuspitzende Weiterführung der Attacken gegen die Barbarei, vulgo die Berliner, in deren Wahrnehmung die Bayern als Prototypen Kulissen ihres Venedigerlebnisses sind und durch die sie die Alpenidylle mit der ästhetisch-historischen Trächtigkeit des Lagunenortes verschmelzen: „Man ist aus Berlin-Schöneberg, man hat die Alpen gesehen. Das bezeugt das Edelweiß und Gemsbart. Und Dirndlkleid, bauschiger Rock und Seidenschürze, Samtmieder, silbern verschnürt. Ja, man kanns's daheim in Schöneberg der Frau Amtmann, Justizwachtmeisterin, Metzgersgattin erzählen: Die Alpen, uff! Die hat man gesehen. Und Venedig, „Fe – ne – tzia", wie die Italiener sagen, muß man doch mitnehmen." (S. 51) Die umfängliche, genußvoll zelebrierte Abqualifizierung der ungewohnten Mitgenießer der Stadt, die auch „Raffke aus Köln, Blaubach, sieht man doch" (S. 51) nicht verschont und auch nicht die englische „Miß", macht klar, was Mathar sucht: Unser Venedigreisender ist den psychischen wie physischen Angriffen, die die ungebildeten, ungeschliffenen Massentouristen bedeuten, nach den Höhenflügen der eigenen Reiseerfahrungen nicht mehr gewachsen, „Pfui Teufel" (S. 51). Die ausladende Demontage und Dekonstruktion aller Arten von Venedigbesuchern folgt die reale Flucht des Besuchers Mathar. Was verbirgt sich dahinter: es ist durchaus ein elitärer Anspruch, den er vertritt: Das Entdecken macht nur Sinn, wenn es nicht mit einer Horde geteilt wird. Und so erleben wir Mathar als den Reisenden, der sich anachronistisch als Vertreter eines vergangenen Saeculums empfindet: seine Reise steht in der Tradition der Kavalierstour des englischen Adels. Sie und die nachfolgende ‚Grand Tour' des gehobenen Bürgertums stehen Pate für seine Begegnung mit Italien. Mathar ist auch der Connaisseur, der Genießer, dem sich alle Sinnen zu einer begeisternden Wahrnehmung erschließen. Dieses Privileg einer autonomen Begegnung mit der Landschaft als Bild und Erlebnis zugleich wird ihm jeder weniger Gebildete, der mit gleichem Anspruch auftritt, vergällen.

Ein besonders dichtes Bild vermittelt Mathar von „Chioggia, die Stadt des Goldoni". Immerhin hatte er den Dramatiker zum Thema seiner Dissertation gemacht, so daß er sich in den Gassen und Winkeln der Stadt wie ein Vertrauter bewegt. Goldoni und seine Rezipienten gestalten das Erlebnis, das sich Mathar mit der Stadt eröffnet, deutlich mit. Am Ende steht dann eine Erfahrung, die auch sehr viele weitere Passagen des Buches prägt: „Hier ist Kunst Volkstum, Glaubenswert." (S. 67) Es ist das hohe Maß an Authentizität, an Freiheit zu sich selber, zur Selbstverständlichkeit, mit der sich die Menschen der Region in ihrer eigenen Geschichte und Kunst bewegen, sie mit ihrer Lebensfreude prägen und sie in ihren Lebensvollzug einbeziehen. Hier mochte Mathar als Negativbeispiel das Rheinland gesehen haben, dessen Identität mit der Nachkriegspolitik an eine existentielle Krise geraten war. Die Folgen des Versailler Vertrages, noch mehr die Separatistenbewegung und die offenen und offensichtlichen Annektionsversuche der Franzosen hatte die Verlustängste geschürt, die man als Rheinländer und Teil des Deutschen Reichs empfand und die man mit den flächendeckenden Jahrtausendfeiern von 1925 demonstrativ zu kompensieren trachtete. Hier schien die Welt der nationalen, ethnischen und historischen Identität noch in Ordnung und zeitigte herausragende Muster ästhetischer Praxis, Volksfrömmigkeit und Sakralität. Natur und Kunst harmonieren in einem Maße, das hier unschwer von einer Paradiesprojektion, wie sie bereits in bezug auf das Geleitwort gezeigt werden konnte, gesprochen werden kann.

Vielleicht spielt es auch eine Rolle, daß die Franzosen mit ihrer Rheinpolitik ein bereits seit dem pfälzischen Erbfolgekrieg virulenten Muster folgten, demgegenüber die Rheinländer ein den Franzosen verwandtes Volk und damit ihnen, und nicht den barbarischen Preußen überlassen werden dürften. Hier tritt nun in einer sehr hymnischen Weise das Italienische als Alternative an:

„Nicht leicht versteht der Nordländer, auch wenn er Katholik ist, diese Verehrung [der Madonna von San Lucca]. Sie erscheint ihm lärmend, äußerlich, ein klein wenig schauspielerisch. Viel Musik, viel bunte Farben. Hin und wieder zwischen den herausjubelnden Aves ein weltlich heiteres Lachen. Jahrmarktstreiben um das Heiligtum herum. O glückliches Völkchen, wie bist du gerade darum von den kalten Menschen des Nordens zu beneiden! Denen ist das ernste, stille Pilgern eine Arbeit; dir ist es ein glückliches Fest. Wie das Kind sich an die Mutter klammert, der Wanderer zur Heimat eilt, so nahst du dich in kindlicher Frömmigkeit dem Gnadenbilde.

Und hier lernt man das italienische Volk, das wirkliche, kerngesunde, kennen, nicht das verflachte, verseuchte der großen Städte. Hier trinkt man an einem starken, reinen Quell. Hier staunt man wieder einmal über diese sonnige, liebenswürdige Heiterkeit. Das ist das Italien des Friedens, das keinen Weltkrieg benötigt hätte ..." (69f.) Italien erscheint als der bessere Teil des romanischen Kulturraumes, der bessere Süden, der einzig den Deutschen als würdiges Pendant zukommt.

Heilserfahrungen und Mythen

Mathars Text ist voll von solchen Anspielungen, die als Reminiszenzen, als Räsonnement, als Kommentar und Statement den Text durchziehen. Volksfrömmigkeit und eine Durchsättigung mit der ästhetisch-strahlenden Aura der Städte verbinden die einzelnen Erlebnisse, die Mathar in der Perlenkette seiner Italienanschauung aneinanderreiht. Doch einzelne Orte, nicht nur Sankt Paul, dringen über diesen Erwartungshorizont hinaus und führen in eine Mythenadaption.

Unter der Überschrift „Was ich in Assisi suchte und fand" wendet sich Mathar einer der Symbolfiguren der Zeit zu, Franziskus. Nicht nur die Großen wie Rainer Maria Rilke, Ina Seidel, Hermann Hesse, Klabund, Hugo Ball oder Paul Celan haben den Mythos aufgegriffen, sondern vor allem auch rheinische Autoren: Ernst Thrasolt, Otto Brües, Adolf von Hatzfeld und Josef Winckler, also Autoren, die Mathar aus dem „Bund rheinischer Dichter" kannte. Nicht zuletzt hat Mathar selber 1939 „Geschichten vom Heiligen Franziskus" verfaßt. Sie bleiben allerdings weit hinter der hier gefundenen spirituellen Aneignung zurück.
Franziskus als Christus-Imitation, dessen Grundsätze „Ich liebe" und „Ich diene" vorbildlich wurden, erscheint hier ganz im Zeichen der Krankheit seiner Zeit. Die Analogien zur Problematik der zwanziger Jahre werden überdeutlich herausgestellt: „Frieden zu suchen, kam ich nach Assisi. Was braucht die von der Zwietracht der Völker zerklüftete Welt, das von Begehrlichkeit gestachelte Herz mehr denn wirklichen Frieden. Jener Povorello, jener Arme in Christo, hat Frieden gelebt, seine Vaterstadt war kriegerisch, erfüllt vom Lärm der Waffen, vom Haß der Herzen." (S. 79) Die Analogie zur Abwehrhaltung gegenüber dem ‚Erbfeind‘, die das Rheinland damals umtrieb, ist überdeutlich: „Assisi haßte die siegreiche Nachbarstadt Perugia." (S. 79) Die Lösung, die Franziskus mit seiner Entscheidung, seine eigene Klasse zu verlassen, um eine gänzlich geänderte Lebensweise zu propagieren, wird hier verknüpft mit den

Utopiekonstrukten, die das Rheinland bzw. seine Intellektuellenszene beherrschte, dem Gemeinschaftsdenken. An Ordensgründungen hatten auch die utopischen Planer der rheinischen Künstler und Schriftsteller glauben wollen. Niemand Geringeres als der Galerist der Avantgarde, der Kölner Karl Nierendorf, wegen seines herausragenden Galeriekünstlers auch ‚Nierendix' genannt, sah eine Zukunft für Deutschland durch eine „religiöse Erneuerung" und in der Begründung von „Altären" und „neuen Orden"[11], also eine spirituelle Künstler-Gemeinschaft, die ihren Vergleichspunkt und ihr Vorbild in den gotischen Bauhütten suchte. Mathar sieht Franziskus als den Heiligen, der Jünger um sich schart, ganz so, wie sich die expressionistischen Künstler gesehen hatten. Sie sollten es sein, die einer utopischen Zukunft vorangehen sollten, den Pazifismus leben. So erscheint auch Franziskus als Mahner, dessen Ruf von den Nachgeborenen übernommen wird, als großes Vorbild: „Aber der Friede der Liebe ist seit Franzens Leben doch nicht in den Herzen der Begnadeten erloschen. Immer wieder schwillt er, wenn auch ein Fünkchen nur, zur Flamme empor. Immer wieder, in der wildesten Zwietracht, in der tiefsten Verzweiflung, erschallt Franzens Ruf: Der Herr gebe den Frieden!" (S. 80) Das mochte als pazifistischer Appell in die unmittelbare Nachkriegsszene dringen, denn Mathar selbst folgt diesem Ruf, wird zum Träger einer solchen Botschaft, denn, so heißt es unmittelbar im Anschluß an diese wie ein Gebet angelegte Fürbitte: „Und Frieden fand ich in Assisi", und verstärkend: „Diesen schlichten Franziskusfrieden an den Stätten der Armut und Demut, nicht die Pracht der großen Dome suchte ich in Assisi. Dort fand ich, was ich suchte, in Anschauung des Franziskuslebens: Den Frieden." (S. 80)

Mathars Italienbuch wird, obwohl er auch hier umfangreiche Passagen den kunsthistorischen Erläuterungen und Darstellungen widmet, zum Andachts- und Bekenntnisbuch. Der Leser wird quasi an die Hand genommen, um mit dem schon längst wie nach intensiven Exzerzitien verwandelten Autor die Geheimnisse, die er für ihn im Vollzug franziskanischer Anbetung erfaßt und für den Leser vorweggenommen hat, nachzuvollziehen. Das Kollektiverlebnis, das er aus der eigenen Erlebniswelt offeriert, wartet auf einen gläubigen und andachtsbereiten Leser:

---

[11] Alfons PAQUET: Der Rhein als Schicksal, Köln 1920; vgl. dazu den unveröffentlichten und unverzeichneten Bestand im Nachlaß Paquet in der Stadt- und Universitätsbibliothek Frankfurt, zit. in: Gertrude CEPL-KAUFMANN: Der „Bund rheinischer Dichter" 1926-1933, Paderborn 2003, dort auch weitere Ausführungen.

„Man senkt schuldbewußt vor Franzens strengem Bilde die Augen; man neigt vor dieser Größe der Entsagung in Demut das Haupt. Zugleich aber wogen die Schauer eines weltentrückten Friedens durch die von Bruderliebe erschütterte Seele.

Ja, und nun bist du geläutert, befriedete Seele. Und nun schaust du, aus schmalem, gewundenem Gänglein emportauchend, in die Oberkirche sonnenfrohe, taglichte Helle!

De profundis! wehruft dort unten das bekümmerte Herz. Gloria in excelsis! jauchzt ins Helle hier oben die zum Lichte emporgerissene Seele. Unten lastendes, niederdrückendes, romanisches Dämmer. Oben die auf schlanken Diensten aufstrebende, ins strenge Kreuzgewölbe gebannte, von prächtiger Fensterrose und dreiteiliger Apsis durchleuchtete, gotische Klarheit." (S. 83)

Sakrale und kulturelle Signale ergänzen sich und nehmen die Wirkung, ein Wandlungserlebnis, vorweg. Hier, im Angesicht des Hl. Franz und im intensiven Erleben seiner Stadt Assisi, der mit 14 Seiten weitaus umfangreicher als alle weiteren Stadt- und Landschaftserlebnisse gewidmet sind, wird Mathars Reiseziel besonders deutlich erkennbar: christliche, wandelnde Wegzehr für die geschundene Seele. Hier finden wir auch eines der wenigen, über den Text verstreuten Gedichte, das, wie könnte es anders sein, sich als inniges Gotteslob des verehrten Heiligen aus dem Jahre 1224 erweist:

„Nun sei gelobt, o Herr, mit allen den Geschöpfen!
Dir Sonne, sondres Lob, des Tages helles Licht,
du schönster Himmelsstern, des Höchsten Angesicht!

Auch lob' ich dich, o Herr, für Schwester Mond und Sterne,
Für Bruder Wind und aller Tageszeiten Luft:
Die du erschufst, du sättigst sie mit ihrem Duft.

[...]

Und naht der bittre Tod, dem niemand kann entrinnen,
weh' dem Unsel'gen, der in Sündenschuld verdirbt,
heil dem Gerechten, der in deiner Gnade stirbt!

Ihn meinen Gott und Herrn, lobpreiset allzugleich,
in Dank und Dienst und großer Demut neiget euch! Amen!" (S. 91)

Die Bedeutung, die der Besuch Assisis für Mathar gewinnt, wird besonders deutlich, wenn wir den Text vergleichen mit des Autors Besuch in „Norcia, die Stadt des hl. Benedikt" (S. 102). Benedikt kann einen Vergleich mit dem Heiligen seines Herzens nicht standhalten. Und so gewinnt er ihm, dem „Begründer und Vater des Mönchtums im Abendlande", dem „Bewahrer von Literatur, Wissenschaft und Kunst" (S. 102) das ab, was ihn in ganz anderer Weise bei seinem Italienbesuch bewegt und die gesamte lange Reise mitbestimmt: das heimatliche Köln und das Rheinland. Benedikt erscheint hier in der Verflechtung mit der Erinnerung an die dortigen Nachwirkungen des Heiligen und seiner Jünger:

„Wir wissen, was diese Apostel des Friedens und der Kultur, diese Söhne des hl. Benedikt, im Laufe der Jahrhunderte auch in unserem Vaterlande geschaffen. Groß S. Martin und St. Pantaleon in Köln, St. Matthias, St. Maximin in Trier, Maria Laach, Prüm, Cornelimünster, München-Gladbach, Werden, Brauweiler und Siegburg und viele andere. Das sind Namen, die dem Rheinländer lieb und teuer sind." (S. 102)

Das Lob der schönen Städte, der Reiz des Südens, die Authentizität seiner Bewohner, nichts läßt Mathar aus, um vor dem Leser diese spezifische Mischung aus kulturhistorischer genauer Sichtung der Architektur und Kunst auszubreiten, hymnisch das ganzheitliche, das dieses Land in seinen unterschiedlichsten topographischen Formationen ausstrahlt, einzufangen und ohne Scheu vor Emphase, vor, zuweilen auch überbordender, Ergebenheit und Anverwandlungsbereitschaft mit sprachlich vielfältiger Unmittelbarkeit des Erlebens zu vermitteln.

Ein letzter Blick gilt der Herzenslandschaft, die Mathar in Italien für sich entdeckt hat, und der er ein Jahr nach Abschluß dieses Reiseberichtes drei Monate schenken wird: Sardinien.
Hier ist es, wie eine Erholung der Augen nach der Fülle der Kunstschönheiten und der vielen kulturhistorischen Ausflüge von den Sarazenen bis zu den Dogen, die „wilde Einsamkeit, berückende Stille" (S. 131). Er empfiehlt sie jedem, der „Ursprüngliches bei Land und Volk ersehen will, wer sich sondern will von allem, was Verfeinerung, aber auch Verfälschung urwüchsigen Lebens heißt" (S. 131). Selbst für den inzwischen reiseerfahrenen Autor tut sich hier ein neues Tor auf, das zu durchschreiten es eines aufmunternden, in kleinem Scherz entmythologisierenden Zuspruchs bedarf:

„Es sei! Wir brechen hinter uns alle Brücken ab. Wir wagen wie Kolumbus die abenteuerliche Fahrt. Die Briganten sind ausgestorben; aber das blutsaugerische Geschlecht der Flöhe und Wanzen wütet in alter Heimtücke und Zahl." (S. 131) Hier ist es das kaum zu erwartende Durchstreifen der menschenleeren Gegend, das Ankommen in dörflichem Ambiente, wo selbst der Akt des Photographiertwerdens durch den Fremden den Einheimischen zum unvergessenen Erlebnis wird. Vielleicht war es das, was Sander ein Jahr später bewog, seinem Freund Ludwig Mathar auf den sardischen Spuren zu folgen. Man hat sich bei einer Witwe einquartiert, die einfachen, aber sauberen Betten akzeptiert und ein erstes Mahl genossen:

„Nun, da wir der größten Sorge, des heißesten Hungers enthoben, erwacht wiederum unsere Entdeckerfreude.
Da steht in der Küche das Kohlebecken, auf dessen Rundholz die Kätzchen schnurren, auf dessen Standeisen die emsige Padrona das Bügeleisen füllt.
Und diese verlegen blinzelnde, lächelnde, gleichsam in sich hineinkichernde Schöne ist die Magd! Ob sie sich schämig ziert oder nicht, sie muß ihre bunte Sonntagstracht bewundern lassen, die schneeweiße, gestärkte Haube, das feuerrote, von Trägern gehaltene Leibchen, den um die Hüften gesteppten, schwarzen, buntgefältelten Rock, den schellenartigen Ärmelbesatz, das feingestickte, weißleinene Unterjäckchen und das blütenweiße, reichverzierte, selbstgewebte, jungfräuliche Hemd. Gut, hier zwischen den vier Wänden steht sie, wenn's denn nun einmal sein muß, zur Schau. Aber sich am öffentlichen Dorfbrunnen photographieren zu lassen, das verstieße, so gern man's täte, wider alle Zucht und Ehrbarkeit." (S. 134)

Die Wirkung, die die scheue, reizvoll sich gebende Magd auf den Betrachter ausübt, zeigt einen weiteren Blick des Autors: Hier wird deutlich, daß Mathar Italien wie mit versteckter Photolinse sieht. Nicht nur der Freund Sander, auch er selbst erlebt das Land visuell, registriert die optischen Reize und inszeniert seine Landschaft. Sardinien wird mit der kleinen Bahn eilends durchstreift, erkennbar mit dem Ziel, anzukommen, einen Ort zu finden, der sich anordnen läßt wie eine ‚nature morte‘, ein stilles Leben, dessen Anschauung mental erhebt, selbst in der Schlichtheit der sardischen Bauern und Hirtenwelt. Es ist weitaus das Erleben in der Bewegung durch den Raum, als das Stillestehen in einem optisch begrenzten Natur- oder Kulturraum, den Mathar fasziniert und den er in einer unendlichen Folge von Einzelbildern dem Leser vorführt. Der Vergleich, das ‚deja vu' kommt dieser Ansicht wie in einem Album entgegen. Da „thront" wie „ein Hohenstaufenschloß Apuliens" „Burgos auf dem von granitenen Blöcken übersäten Felskegel". (S. 135) „Da erhebt sich auf steilem Fels der Nuraghe Orolo, etwas tiefer der des Tittiriola, hart an der Bahnlinie der Miuddu, ganz tief in der Ebene der Sorolo." (S. 136)

Sucht man nach einem Emblem, mit dem man Mathars Italienbild fassen kann, so ist es, trotz überbordender Kunst, trotz spiritueller Ströme, die sich über ihn zu ergießen scheinen, letztlich ein Baum, der wie ein Heilssignal ihn in allen Gegenden des langgestreckten Landes begleitet: der Olivenbaum. Ihm soll die abschließend zitierte Eloge gelten, mit der dieses Panorama der Mathar'schen Italiensehnsucht und -erfüllung enden soll:

„O du unscheinbarer, krüppelhaft kümmerlicher, tapfer trotzender, unsiechbarer, fruchtreicher Ölbaum, Sinnbild des Friedens, Heldentum der Arbeit! Heldenhafter als der nutzlose Lorbeer, das überstolze Zeichen des Sieges." (S. 170)
In ihm, dem seit Noahs Zeiten geltenden Überlebenssymbol und Zeichen eines beginnenden Friedens mit Gott, zeigt sich nun ein Symbol der Rettung aus der Sündflut des Krieges und gibt dem Reisebericht des rheinischen Autors eine ebenso zeit- und raumübergreifende wie aktuelle und topographisch fixierbare Bedeutung, nicht zuletzt eine sakrale Aufladung, einen sensus anagogicus.

Reinhard Feiter

Lerne am Herd die Würde des Gastes

Materialien und Überlegungen zum Italienbild Klaus Hemmerles (1929-1994)

Von der Schriftstellerin Ingeborg Bachmann (1926-1973) ist die Äußerung überliefert: „Ich habe kein Italienerlebnis, nichts dergleichen, ich lebe sehr gerne hier."[1] In Anlehnung an dieses Diktum könnte ich im Hinblick auf Klaus Hemmerle sagen: Er hatte kein Italienbild, nichts dergleichen, er ist nur seit Ende der 1950er Jahre oft und gerne in Italien gewesen. Allerdings: „Leben in Italien ohne Erlebnis Italiens, wie geht das zusammen?"[2] Und wie sollte jemand über viele Jahre Italien aufsuchen und dabei nicht ein wie immer geartetes Bild von diesem Land gewinnen?

Das Dementi ist denn auch nicht das letzte Wort in dieser Angelegenheit, aber ein erforderliches erstes. Ob nämlich eine deutschsprachige Dichterin auf ihr Italienerlebnis hin angesprochen oder nach dem Italienbild eines katholischen Bischofs gefragt wird, beides ist kein „unschuldiges" Fragen. In beiden Fällen transportiert die Frage bereits einen bestimmten Deutungs- bzw. Erwartungshorizont.

Insofern musste Ingeborg Bachmann ein Italienerlebnis zunächst einmal dementieren. Zu sehr bot es sich an, sie, die es immer wieder nach Italien gezogen und die sich schließlich in Rom niedergelassen hatte, hineinzuverrechnen in die „Traditionslinie der Italiensehnsucht"[3]: in das Vorstellungsmuster vom Künstler, den es nach Italien zieht, um dort im Kunst- und Naturerleben als Künstler wiedergeboren zu werden. – Insofern wird aber auch zum Italienbild Klaus Hemmerles Relevantes nur gesagt werden können im Durchgang durch eine Verneinung. Denn was liegt bei einem Mitglied der Hierarchie der katholischen Kirche näher, als zu erwarten, dass sein Italienbild vornehmlich ein Rombild und zudem ein

1 BACHMANN, Ingeborg: Wir müssen wahre Sätze finden. Gespräche und Interviews, hg. v. Christine KOSCHEL u. Inge von WEIDENBAUM, 3. Aufl., München 1991, 65.
2 OEHLENSCHLÄGER, Eckart: „… zum Schauen erwacht". Über Ingeborg Bachmanns Wahrnehmung Italiens, in: COMI, Anna/PONTZEN, Alexandra (Hg.), Italien in Deutschland – Deutschland in Italien. Die deutsch-italienischen Wechselbeziehungen der Belletristik des 20. Jahrhunderts, Berlin 1999, 201.
3 EBD.

vatikanzentriertes Bild von Rom ist? Doch gerade dies ist bei Hemmerle nicht der Fall.

Im Folgenden werden deshalb nicht nur die zugänglichen schriftlichen Dokumente aus der Hand Klaus Hemmerles[4] und die greifbaren biographischen Informationen[5] daraufhin zu untersuchen sein, inwieweit sie die Rede von einem *Italien*bild Hemmerles überhaupt rechtfertigen können, sondern es wird auch ein Vorgehen nötig sein, das eher einem Krebsgang gleicht als einer systematischen Rekonstruktion.

1. In Rom

Ein katholischer Diözesanbischof kommt unweigerlich nach Rom und in den Vatikan. So will es die Tradition der *Visitatio ad liminum Apostolorum*, der Pilgerschaft zu den Gräbern der Apostel Petrus und Paulus, und so schreibt es das Kirchenrecht vor. Zwecks Berichterstattung „über den Stand der ihm anvertrauten Diözese" (can. 399 CIC) verpflichtet die kirchliche Gesetzgebung den Bischof alle fünf Jahre zum so genannten Ad-limina-Besuch in Rom.[6] Viele Bischöfe sind weiterhin – sei es für kürzere oder längere Perioden – Mitglieder einer Kongregation oder Mitarbeiter in anderen vatikanischen Gremien und kommen dadurch weitaus häufiger nach Rom. So war es auch bei Hemmerle.[7] Er ist sogar schon

---

4 Dabei muss offen bleiben, inwieweit aufgrund weiterer – im Nachlass Hemmerles (Bischöfliches Diözesanarchiv Aachen) oder in Privatbesitz befindlicher – Dokumente und aufgrund von Zeugnissen ehemaliger Weggefährten Hemmerles das Folgende zu ergänzen oder zu korrigieren wäre.

5 Für allgemeine biographische Informationen vgl. FEITER, Reinhard: Klaus Hemmerle (1929-1994). Eine biographische Skizze, in: Geschichte im Bistum Aachen, Bd. 4, hg. v. Geschichtsverein für das Bistum Aachen, Aachen/Kevelaer 1998, 481-490; HAGEMANN, Wilfried: Alle eins damit die Welt glaubt. Klaus Hemmerle ein Bischof nach dem Herzen Gottes [...], Manuskriptdruck, Münster 2000; BADER, Wolfgang/ HAGEMANN, Wilfried: Klaus Hemmerle. Grundlinien eines Lebens, München 2000; SCHREIER, Josef: Art. „Hemmerle, Klaus (1929-1994)", in: Die Bischöfe der deutschsprachigen Länder 1945-2001. Ein biographisches Lexikon, hg. v. Erwin GATZ, Berlin 2002, 43-47. – Publikationen Klaus Hemmerles werden ohne Autorenname angeführt. Das Sigel „AS" steht für: HEMMERLE, Klaus: Ausgewählte Schriften, 5 Bde., hg. v. Reinhard FEITER, Freiburg i. Br. 1995-1996.

6 Vgl. JOHANNES PAUL II., Apostolische Konstitution „Pastor Bonus" über die Römische Kurie vom 28. Juni 1988, Art. 28-32.

7 Hemmerle war von 1978 bis 1983 Mitglied sowohl der Bischofs- als auch der Kleruskongregation. An zwei Römischen Bischofssynoden nahm er teil: an der 7. Ordent-

vor seiner Zeit als Bischof von Aachen beratend in vatikanischen Gremien tätig gewesen.[8]

Klaus Hemmerle war also nicht selten in Rom, manchmal für Wochen. Vor diesem Hintergrund ist es erstaunlich, dass kaum einmal römische Bauten, Plätze oder Kunstwerke und nur selten vatikanische Begebenheiten bzw. Begegnungen in Hemmerles Publikationen und Vorträgen, Predigten oder Briefen auftauchen. Von der Hagia Sophia in Instanbul erzählt er,[9] nicht aber vom Petersdom. Die wiederkehrende Bezugnahme auf Michelangelos Jüngstes Gericht in der Sixtina ist da die Ausnahme, die die Regel bestätigt.[10] Denn wie er dieses Bild bzw. ein Detail dieses Bildes bespricht, könnte es sich überall befinden; der Ort tut nichts zur Sache.

1.1 Ich will jetzt nichts

Auf eigentümliche Weise dekontextualisiert wirken denn auch die nicht sehr zahlreichen schriftlichen Zeugnisse Hemmerles von seinen Begeg-

---

   lichen Generalversammlung, 1.-30.10.1987, zum Thema „Berufung und Sendung der Laien in Kirche und Welt" (vgl. Berufung und Sendung der Laien in Kirche und Welt zwanzig Jahre nach dem II. Vatikanischen Konzil. Zur Fragestellung der Bischofssynode 1987 und deren Lineamenta, in: Berichte und Dokumente 58, Bonn 1985, 16-25; Trinität und Kirche. Zur Trinitätstheologie von „Christifildeles laici", in: AS V, 72-84) und an der 8. Ordentlichen Generalversammlung, 30.9.-28.10.1990, zum Thema „Die Priesterbildung im Kontext der Gegenwart" (vgl. Zeugnis und Dienst. Weihnachtsbrief an die Ständigen Diakone [1990], in: Hirtenbriefe, hg. v. Karlheinz COLLAS, Aachen 1994, 159-165). Zwischen 1987 und 1990 war er zudem Mitglied des Rates des Generalsekretariates der Synode. Hinzu kommt die Teilnahme an Konferenzen in Rom wie dem IV. Symposion der Europäischen Bischöfe zum Thema „Die Jugendlichen und der Glaube" 1979 (vgl. Christus nachgehen. Jungen Menschen den Weg finden helfen, Freiburg i. Br. 1980, in einer gekürzten Fassung in: AS IV, 296-323) und dem II. Internationalen Kongress für geistliche Berufe 1981.

8 Als Berater hatte Hemmerle bereits 1971 an der 2. Ordentlichen Generalversammlung der Römischen Bischofssynode, 30.9.-6.11.1971, zum Thema „Der priesterliche Dienst und die Gerechtigkeit in der Welt" teilgenommen (vgl. Einleitung zum Dokument: Der priesterliche Dienst, in: Römische Bischofssynode 1971. Der priesterliche Dienst. Gerechtigkeit in der Welt, Trier 1972, 7-38; ebenfalls in: AS V, 206-236), und von 1973 bis 1979 war er Konsultor des Sekretariates für die Nichtglaubenden gewesen.

9 Vgl. Eine Martins- und eine Marienkirche, in: AS V, 106 f.; Daß wir den Himmel finden und geben ... Weihnachtsgruß 1984, in: Hirtenbriefe (Anm. 7), 114 f.

10 Vgl. Anfang bei der Zukunft: Anfang beim Vater, in: AS II, 238-257.

nungen mit den Päpsten, in welchen Äußerungen allein auch seine Begegnungen mit der Kurie einen Niederschlag gefunden haben. In einem Brief aus dem Jahr 1977 heißt es mit Bezug auf seinen ersten Ad-limina-Besuch:

„Ich dachte mir, als ich zum Papst ging und auch als ich zu so vielen Kardinälen gehen musste, um die Probleme der Kirche in unserem Land mit ihnen zu besprechen: Ich will jetzt nichts, ich erwarte jetzt nichts, ich urteile jetzt nicht, sondern ich bringe einfach ein Stück Liebe."[11]

Das ist zitiert aus einem Brief Hemmerles an Kinder. Doch der Inhalt ist nicht den Adressaten geschuldet. Er hatte diese vielleicht kindlich anmutende Haltung. Er pflegte sie nicht allein im Verhältnis zu römischen Dikasterien oder den Päpsten, aber darin auch nicht weniger.

Man mag das für unangemessen halten und darin eine – u. U. biographisch erklärbare – prinzipielle Schwäche und Hilflosigkeit erkennen,[12] man mag darin Meister Eckharts Kennzeichnung des „armen Menschen" entdecken – „Das ist ein armer Mensch, der nichts will und nichts weiß und nichts hat"[13] –, fest steht jedenfalls: Nach Reflexionen über das Papsttum als historisch-politische Größe oder über den Vatikan als eine Organisation mit ihren Mechanismen der Macht, sucht man bei Klaus Hemmerle vergebens. Sein persönliches Verhältnis zum Vatikan war durchgehend unpolitischer Natur.

Bemerkenswert ist in diesem Zusammenhang denn auch Hemmerles Beziehung zu den Konzilspäpsten. Nicht dem „guten" Papst, Johannes XXIII., galt seine ganz besondere Wertschätzung, sondern dem mit „Humanae vitae" assoziierten und oft als „Zauderer" apostrophierten

---

[11] Brief vom 5.4.1977 an die Unterstufe eines Internates, in: Briefe an Kinder und junge Leute. Ein Bischof beantwortet Schülerfragen, hg. v. Dorothee MATTES, München 2000, 27.

[12] Vgl. HEINZ, Hanspeter: Wehrloser Kämpfer. Persönliche Notizen, in: Klaus Hemmerle = das prisma. Beiträge zu Pastoral, Katechese & Theologie 6 (1994) Sonderheft, 16-19; Charisma als Macht? Klaus Hemmerle (1929-1994) – Ein Podiumsgespräch mit Peter Blättler, Bernhard Casper, Wilfried Hagemann, Hans Hermann Henrix, Peter Hünermann, Stephan Loos und Josef Schreier, in: HENRIX, Hans Hermann (Hg.): Bischof Klaus Hemmerle (1929-1994) – Ein geistlicher Meister, Aachen 2004, 132-141.

[13] MEISTER ECKHART: Predigt 52 (Beati pauperes spiritu, quia ipsorum est regnum coelorum), in: DERS.: Deutsche Predigten und Traktate, ed. v. Josef QUINT, München 1963, 303.

Paul VI.[14] Dass Hemmerle ihm persönlich begegnet ist und dieser ihn zum Bischof ernannt hat, wird eine Rolle gespielt haben. Nicht weniger jedoch, dass sie eine Option teilten: die Option für den Dialog, dem Paul VI. 1964 den dritten und weitaus längsten Teil seiner ersten Enzyklika „Ecclesiam Suam" gewidmet hat.[15]

„Wir", so heißt es dort noch, wo der Papst von sich spricht, „können nicht anders vorgehen als in der Überzeugung, daß der Dialog unser apostolisches Amt kennzeichnen muß".[16]

Abb.1: Aus dem Besitz Prof. Dr. Reinhard Feiter

[14] Vgl. Hirtenwort zum Tode Papst Pauls VI., in: Kirchlicher Anzeiger für die Diözese Aachen. Amtsblatt des Bistums Aachen 48 (1978) 103 f.; Inmitten der Spannungen unserer Zeit. Papst für den Menschen (Predigt im Requiem für Paul VI. am 9.8.1978), in: Kirchenzeitung für das Bistum Aachen 33 (1978) Nr. 43, 22.

[15] Vgl. PAUL VI., Ecclesiam Suam. Die Wege der Kirche. Erstes Rundschreiben Papst Pauls VI. 6. August 1964, Recklinghausen 1964, sowie z. B.: Verkündigung und Dialog. Zur Bedeutung der Fundamentaltheologie für die Kirche, in: WALDENFELS, Hans u. a (Hg.), Theologie – Grund und Grenzen. FS für Heimo Dolch, Paderborn 1982, 63-77; gekürzt in: AS IV, 232-240.

[16] PAUL VI., Ecclesiam Suam (Anm. 15), 27.

Das Bemühen um den Dialog, das auch dann nicht aufgegeben wird, wenn es Ablehnung und Verunglimpfung einträgt oder wenn das Amt in Entscheidungssituationen führt, in denen der Dialog vorderhand an sein Ende kommt,[17] darin mag Klaus Hemmerle sich mit Paul VI. verwandt gefühlt haben. Von ihm darin bestärkt worden, war er. Er berichtet, Paul VI. habe ihm 1976, bei ihrer ersten Begegnung gesagt: „Suchen Sie das Gespräch, hören Sie zu, mit einer solchen Liebe, dass der andere sich angenommen weiß, selbst dann, wenn Sie äußerlich seine Probleme nicht lösen können."[18]

In dem – nach meiner Kenntnis – wichtigsten Zeugnis von Hemmerles Kenntnis der Stadt Rom und ihrer Geschichte und ihren Kunstschätzen geht es denn auch um einen Dialog bzw. um das Anregen eines Dialogs.

1.2 Schönem begegne ich auch anderswo

Zweimal hat Klaus Hemmerle mit leitenden Bistumsmitarbeitern eine Art Studienreise nach Rom unternommen. Die zweite dieser Romfahrten zusammen mit den Mitgliedern der Ordinariatskonferenz sowie den Regionaldekanen und Regionalpfarrern im Bistum Aachen fand vom 28. September bis 4. Oktober 1986 statt, d. h.: zwei Wochen, nachdem in Aachen die Heiligtumsfahrt und in Zusammenhang damit der 89. Deutsche Katholikentag stattgefunden hatten.[19]

Das Jahr 1986 bildete im Episkopat Hemmerles eine gewisse Zäsur. Er hatte mit der Einladung des Katholikentages nach Aachen[20] die Hoffnung verbunden, dass es sowohl im deutschen Verbandskatholizismus[21]

---

[17] Vgl. Enzyklika und Dialog. Der Stellenwert des Lehramts im kirchlichen Gespräch, in: Rheinischer Merkur 23 (1968) Nr. 36, 4 f.

[18] Brief vom 28.4.1977 an Schülerinnen einer Kaufmännischen Schule, in: Briefe an Kinder und junge Leute (Anm. 11), 31.

[19] Vgl. Dein Reich komme. 89. Deutscher Katholikentag vom 10. bis 14. September 1986 in Aachen. Dokumentation, 2 Bde., Paderborn 1987.

[20] Vgl. Bericht über Vorbereitung und Durchführung des 89. Deutschen Katholikentags Aachen, in: Dein Reich komme (Anm. 19), 19-36, hier: 19.

[21] Durch seine Zeit als Geistlicher Direktor im Generalsekretariat des Zentralkomitees der deutschen Katholiken (1968-1974) sowie durch seine Mitgliedschaft im Zentralkomitee als dessen Geistlicher Assistent (1974-1994) hatte Klaus Hemmerle eine besondere Verbindung zum deutschen Verbandskatholizismus und wesentlichen Anteil an der Vorbereitung und Durchführung der Katholikentage von 1968 bis 1992. Vgl. Klaus Hemmerle – Weggeschichte mit dem Zentralkomitee der deutschen Katholiken = Berichte und Dokumente, 91, Bonn 1994.

als auch im Bistum Aachen zu einer offensiveren Auseinandersetzung mit der Frage käme nach der Zukunft der Pastoral, ja christlichen Lebens überhaupt unter den Bedingungen der Gegenwart.[22] Einen nachhaltigen Impuls dazu hatte er sich durch die Verbindung der beiden so unterschiedlichen Großveranstaltungen versprochen. Dass es durch den Überschuss der Aachener Heiligtumsfahrt dem Katholikentag gegenüber: ihre symbolisch begangene Besinnung auf die Ursprünge des Christlichen, und durch den Überschuss des Katholikentags der Heiligtumsfahrt gegenüber: seine Überschreitung der Ortskirche auf die Gesellschaft hin, zu einer wechselseitigen Perspektivenerweiterung käme, das was seine Idee gewesen.

Allerdings hatte sich schon in der Vorbereitungszeit gezeigt, dass dieses Anliegen im Bistum Aachen nicht ohne weiteres geteilt oder verstanden wurde, sondern der Katholikentag bisweilen eher als eine Gefährdung der Heiligtumsfahrt erachtet wurde. Trotzdem oder vielleicht eben deshalb dürfen in das Jahr 1986 die Anfänge jenes Bemühens Hemmerles datiert werden, die 1989 in den Versuch mündeten, unter dem Leitwort der „Weggemeinschaft" einen diözesanen Dialogprozess zur Zukunft der Pastoral im Bistum Aachen in Gang zu setzen.[23] In diesen Zusammenhang fügen sich aber die Romfahrt von 1986 und ein Brief ein, den Hemmerle ein Vierteljahr später an die anderen Teilnehmer bzw. „Mitpilger" richtete.[24]

Der Brief,[25] der etwas mehr als 2.300 Wörter umfasst und die Datumsangabe „Januar 1987" trägt, gliedert sich in vier Teile: In einer Einleitung

---

22 Vgl. Bericht über Vorbereitung und Durchführung des 89. Deutschen Katholikentags Aachen (Anm. 20), insbes. 19 u. 26; sowie: „Dein Reich komme!" Die Uhren umstellen auf Gottes Reich, in: Hirtenbriefe (Anm. 7), 54-56; „Auf werde licht, Jerusalem!" – „Dein Reich komme!" Heiligtumsfahrt und Katholikentag 1986, ebd., 57-59.

23 Vgl. Gemeinde im Jahr 2000 – Aufruf zur Weggemeinschaft, in: Hirtenbriefe (Anm. 7), 66-69; und dazu HAGEMANN, Alle eins damit die Welt glaubt (Anm. 5), 155ff.; Charisma als Macht? (Anm. 12), dort insbes. die Beiträge von Peter Blättler.

24 Für die Zurverfügungstellung des Textes und für weitere Informationen danke ich Herrn Regionaldekan Alexander Schweikert, der 1986 in seiner damaligen Eigenschaft als Regionalpfarrer der Region Kempen-Viersen Teilnehmer der Romfahrt und Adressat des Briefes war.

25 Das Schreiben gehört zu einer für Klaus Hemmerle typischen Textgattung: Um einem bestimmten Adressatenkreis in einem bestimmten Anliegen zu antworten oder ihm dieses Anliegen allererst zu vermitteln und so mit den Adressaten in einen Austausch darüber zu gelangen, wählte er immer wieder diese Form eines halböffentlichen Briefes, eines „Hirtenbriefes" im vielleicht eigentlichen Sinne.

bringt Hemmerle sein Anliegen zum Ausdruck, dass die „gemeinsame Erfahrung" von Rom „nicht folgenlos bleiben" dürfe. Er wolle zwar „nicht den ‚Geist von Rom' beschwören, nicht neue Programme inszenieren, wohl aber an Nachdenklichkeit und Gespräch anknüpfen"; und dies unternimmt er in drei Schritten bzw. Kapiteln, die eigene durchnummerierte Überschriften tragen:

„A. Mir besonders wichtige Erfahrungen und Begegnungen",

„B. Mir besonders nachgehende und in mir weiterwirkende Erkenntnisse",

„C. Impulse für die eigene Arbeit und fürs Bistum".

Diese Kapitel sind wiederum in je fünf mit arabischen Ziffern nummerierte Unterabschnitte gegliedert. Zwar vermerkt Hemmerle in seiner Einleitung, dass damit keine Parallelisierung der Unterabschnitte angedeutet werden soll – es stehe, so schreibt er, der um seinen systematisierenden Zugriff weiß und auch darum, wie wenig das von seinen Mitarbeitern geschätzt wird, „keine systematische Attitüde hinter dieser Gliederung" –, doch ist der Brief insgesamt systematischer konzipiert, als er hier zugibt.

Hemmerle erinnert an Orte, Kirchen, Zentren und Stadtteile, die die Reisegruppe besucht hatte, und an Personen und Personengruppen, denen sie begegnet war. Dies geschieht vornehmlich im ersten Kapitel.

Erwähnung finden so: San Lorenzo in Lucina, Santa Sabina und San Clemente (A.1), Sant' Ignazio, Il Gesu, Santa Maddalena (A.2), das Jugendzentrum San Lorenzo (A.3); die Kommunitäten der Kleinen Schwestern in Tre Fontane und der Schervier-Schwestern [der Armen-Schwestern vom hl. Franziskus, einer Aachener Gründung] in Ciampino (A.4), die Gemeinschaft von Sant'Egidio (A.4); die Bischöfe [Clemente Emilio] Riva [(1922–1999), Weihbischof in der Diözese Rom] und [Paul-Josef] Cordes [seinerzeit noch Vizepräsident des Päpstlichen Rates für die Laien] sowie die Professoren [Heinrich] Pfeiffer [SJ, Professor für christliche Kunstgeschichte an der Pontificia Università Gregoriana] (B.2) und Piero Coda [Professor für systematische Theologie an der Pontificia Università Lateranense] (A.5).

Bemerkenswert ist: der Petersdom wird nicht genannt, obwohl er besucht worden war;[26] und wenn der Text auch kein Reisetagebuch darstellt, so ist doch auffällig, wie sehr das von Klaus Hemmerle zusammengestellte

---

[26] Der Umstand, dass Papst Johannes Paul II. keine Erwähnung findet, liegt hingegen darin begründet, dass der Besuch einer Papstaudienz nicht Teil des Programms gewesen ist.

Besuchsprogramm sich vornehmlich auf die Stadt Rom und – trotz der Besuche historisch bedeutender Kirchen – letztlich auf das zeitgenössische Rom konzentrierte.

Abb. 2: Aus dem Besitz des Bischöflichen Diözesanarchivs Aachen

Woran Hemmerle in seinem Brief nochmals anknüpft, das sind denn auch Beobachtungen, die nicht ein ästhetisches Interesse zutage gefördert haben. Den ästhetischen Blick wolle er zwar nicht missen, versichert er, und Schönem begegne er in Rom auch „sehr intensiv", doch sei ihm diese Erfahrung „auch anderswo" gegeben (A.1). Was für ihn an der Stadt Rom so bedeutsam ist, dass er es seinen Mitarbeitern zeigen wollte, das sind hingegen Stätten, an denen (noch) ablesbar ist,

- dass die Herkunft der späteren Basiliken bzw. der Kirche in ihrer Konstantin'schen Gestalt christliche Hausgemeinschaften sind (B.1),
- dass die „Wahrung der Ursprünge [...] pervertierbar [ist] in eine Ideologisierung und Sicherung eigener Machtinteressen" (B.2),
- und dass nichts eine Säkularisierung so sehr befördert als der Versuch einer klerikalen Bevormundung der Gesellschaft (B.3).

Und worüber er mit seinen Mitarbeitern im Gespräch bleiben will, das sind die in den besuchten Personen und kleinen Gemeinschaften entdeckten Voraussetzungen glaubwürdiger christlicher Lebensgestalt heute:

- ein „neuer Typ von Frömmigkeit", der „weder in der konstitutiven Mißstimmung kritischen Unbehagens noch in der Militanz seiner eigenen Rechtgläubigkeit erstarrt", sondern „unbefangen ist gegen den Ursprung und gegen die Tradition", ohne deshalb „fundamentalistisch" zu werden (C.4, vgl. B.4);
- ein Ernstnehmen des „gegenseitigen Überschusses" von Amt und Charisma und in der Konsequenz auch ein Sinn für nicht-parochiale Formen christlicher Präsenz in der Gesellschaft (C.4);
- und schließlich ein „Ausziehen" der Communio-Perspektive, die das II. Vatikanische Konzil für die Kirche *ad intra* inauguriert hat, *ad extra*: hinein in einen „Dialog mit moderner Kultur", mit dem Atheismus, ja überhaupt „mit jenen, die draußen stehen" (B.5).

Kurz gesagt: Was für Klaus Hemmerle an und in der Stadt Rom so bedeutsam ist, dass er es seinen Mitarbeitern zeigen wollte und darüber mit ihnen im Gespräch bleiben will, das sind die „Zeichen der Zeit", von denen die Pastoralkonstitution des II. Vatikanischen Konzils sagt, dass sie zu erforschen und im Licht des Evangeliums zu deuten, die Pflicht der Kirche sei – wenn sie denn ihren Auftrag erfüllen wolle (GS 4).

Insofern steckte aber hinter dem Unternehmen, das Führungspersonal seines Bistums nach Rom zu führen, eine doppelte Einschätzung Hemmerles:

- In Italien und zumal in der Stadt Rom sind jene kulturellen und gesellschaftlichen Herausforderungen wie im Brennglas zu sehen, die auch auf die deutsche Kirche zukommen werden, für die sie aber noch gar nicht gewappnet ist. – „Schaffen wir nicht", fragt er, „Vorräte, während andere Quellen suchen?" (B.4)
- Nicht weniger aber ist, nachdem „noch zu Anfang und Mitte dieses [des 20.] Jahrhunderts Aufbrüche zu einer unmittelbaren und unkonventionellen Verlebendigung des Christlichen mehr in den Sprachräumen des Französischen und Deutschen zu suchen" waren, heute (1986/1987) Italien der Ort zukunftsweisender theologischer, geistlicher und pastoraler Alternativen (B.3).

Hintergrund dieser Überzeugung war zweifelsohne die ganz persönliche Erfahrung Hemmerles, in Italien für sich die entscheidende Orientierung gefunden zu haben. Doch im Brief steht das nur zwischen den Zeilen. Immer wieder läuft der Duktus des Briefes auf die Begegnung der Reisegruppe mit dem Theologen Piero Coda zu (A.5, B.5, C.5). Was aber Klaus Hemmerle weder im Brief zu erkennen gibt noch vor Ort hervorgekehrt hatte, ist, dass er seine Mitarbeiter damit zu einem Theologen geführt hatte, mit dem Hemmerle durch dasjenige verbunden war, was ihn fast dreißig Jahre zuvor erstmals nach Italien hat reisen lassen: das Fokolar – jene Bewegung bzw. Gemeinschaft, die 1943/1944 in Trient ihren Ausgang genommen hatte von einer kleinen Gruppe von Frauen um Chiara Lubich (* 1920).[27]

2. Von St. Peter nach Alghero

Nach dem Tod von Klaus Hemmerle am 23. Januar 1994 wurden einer breiteren Öffentlichkeit im Bistum Aachen und darüber hinaus Einzelheiten seines Lebens bekannt, die er zu Lebzeiten zwar nicht verheimlicht, aber diskret behandelt hatte. Das betraf sein Engagement in der Fokolar-Bewegung und das betraf seine Urlaubsgepflogenheiten.

Verheimlicht hat Klaus Hemmerle, als er 1975 Bischof von Aachen wurde, seine Zugehörigkeit zur Fokolar-Bewegung nicht. Dazu hatte er sich auch schon viel zu sehr öffentlich als Fokolar profiliert,[28] und zu Beginn seiner Amtszeit als Bischof von Aachen war er sogar verhältnis-

---

[27] Vgl. BADER, Wolfgang: Art. „Fokolar-Bewegung", in: LThK[3] III (1995), 1341; VERONESI, Silvana (Hg.), Die Fokolar-Bewegung. Entstehung – geistliche Grundlinien – Initiativen, 2. Aufl., München 1993.

[28] Vgl. Ausstellung Gottes. Zu Mariapoli und der Bewegung der Focolarini, in: Der christliche Sonntag 11 (1959) 34, 36; Die Bewegung der Focolarini und die Priester, in: GREINACHER, Norbert (Hg.), Priestergemeinschaften, Mainz 1960, 175-182; Das Jahrestreffen der Focolarini, in: Der christliche Sonntag 14 (1962) 127; Bürger jener Stadt ... Ein Treffen der Focolarini, in: Der christliche Sonntag 15 (1963) 159; Treffen der Focolarini in Heidelberg, in: Konradsblatt. Wochenzeitung für das Erzbistum Freiburg 47 (1963) Nr. 19, 23; Die Bewegung der Fokolare, in: Mitten in der Welt. Vierteljahreshefte zum christlichen Leben 6 (1967) H. 21, 8-11; Art. „Focolarini", in: HPTh V (1972), 140.

mäßig offen damit umgegangen.[29] Trotzdem haben nur wenige um das ganze Gewicht dieses Faktums gewusst.[30]

Auch über seine Urlaubsgepflogenheiten wussten eher wenige Genaueres. Zumal in Zuschriften von Kindern und Jugendlichen ist er immer wieder gefragt worden, ob er denn auch Freizeit habe und was er darin unternehme. Er ist solchen Fragen nicht gänzlich ausgewichen, die Antworten waren jedoch verhältnismäßig spröde. Was seine Freizeitbeschäftigungen anging, lautete die Information durchwegs: gelegentliches Wandern und abendliches Klavierspiel.[31]

Ein kleines Meisterwerk von Enthüllung und Verhüllung stellt seine Auskunft dar, die er 1988 für das Familienjournal der Aachener Kirchenzeitung gegeben hat:

„Urlaub, das bedeutet etwas wie ‚Jahres-Sabbat‘, bei dem ich die Werke, die Gott mir aufgetragen hat, aus meiner Hand in die seine lege, um wieder tiefer zu erfahren, daß das, was er wirkt und geschenkt hat, gut, ja sehr gut ist. Diese Erfahrung will von mir erwandert, erschaut, aber auch auf diese oder jene Weise (mit Zeichenstift oder Schreibstift) erbildet werden. Und vor allem sind mir dabei wichtig: Mitbrüder, mit denen ich meine Erfahrung austauschen und so jene Harmonie wahrhaft erfahren kann, in welcher alles gut, sehr gut ist.“[32]

---

[29] Mit seinem ersten Fastenhirtenbrief 1976 hatte er für die in der Fokolar-Bewegung geübte Praxis geworben, Monat für Monat das Leben unter ein bestimmtes Bibelwort zu stellen und sich darüber mit anderen auszutauschen. Vgl. Das Wort Gottes – Überschrift für unser Leben. Fastenhirtenbrief 1976, in: Hirtenbriefe (Anm. 7), 17-21. Dieser Vorschlag und die Einladung, ihm gelegentlich von Erfahrungen mit dieser Übung zu berichten (vgl. ebd., 21), erfuhr seinerzeit ein beträchtliches Echo und führte in der Folge zum Kreis der „Freunde im Wort“ (vgl. HAGEMANN, Alle eins damit die Welt glaubt [Anm. 5], 94-97).

[30] „Es ist mehr den Eingeweihten bekannt“, so Bischof Karl Lehmann im Requiem am 29. Januar 1994 im Aachener Dom, „wieviel Klaus Hemmerle dieser Bewegung und wieviel das Fokolar ihm selbst jeweils verdankt.“ (LEHMANN, Karl: Unser entschiedenes Zeugnis wäre der größte Dank an ihn [...], in: Nicht Nachlaßverwalter, sondern Wegbereiter. Predigten 1993, hg. v. Karlheinz COLLAS, Aachen 1994, 148).

[31] Nicht untypisch ist die Auskunft, die er 1992 Schülerinnen und Schülern eines achten Schuljahres gab: „Ich nehme mir etwa alle sechs bis acht Wochen einen Tag, an dem ich mit Freunden spazieren gehe und wandere, gehe auch im Frühjahr und Sommer etwas in Urlaub und versuche, dass ich, etwa in den Stunden zwischen Abendessen und Schlafengehen, meine Arbeit mit ein wenig Klavierspielen unterbreche.“ (Briefe an Kinder und junge Leute [Anm. 11], 218 f.).

[32] Familienjournal der Kirchenzeitung für das Bistum Aachen (6.7.1988) 7, zit. nach BADER/ HAGEMANN, Klaus Hemmerle (Anm. 5), 215 f.

„(mit Zeichenstift oder Schreibstift)" – wie viele Leserinnen und Leser werden die kleine Parenthese, die da inmitten einer steilen Urlaubsalias Schöpfungstheologie steht, seinerzeit wörtlich genommen haben? Und doch ist es hier benannt: Klaus Hemmerle malte im Urlaub und schrieb Gedichte; und er tat dies zumal auf Sardinien, wohin ihn seine Zugehörigkeit zur Fokolar-Bewegung geführt hatte.

Abb. 3: Aus dem Besitz des Bischöflichen Diözesanarchivs Aachen

2.1 Ein Haus für unterwegs

Der Versuch einer Rekonstruktion des Italienbildes Klaus Hemmerles muss insofern weit zurückgehen, und zwar bis in die Monate von September 1951 bis Mai 1952. Der Ausgangspunkt ist nicht St. Peter in Rom, sondern St. Peter im Schwarzwald, das Priesterseminar der Erzdiözese Freiburg. Dort traf der Alumne Hemmerle nämlich auf den Priester Dr. Rudolf Hermann (1906–1988),[33] der zwei Jahre zuvor, 1949, die Aufgabe des Spirituals in St. Peter übernommen hatte und diese bis 1985 innehaben sollte.

---

[33] Vgl. STADEL, Klaus/KNITTEL, Franz/DAUER, Joachim (Hg.): Klein und Eins. Spiritual Rudolf Herrmann 1906-1988, March-Buchheim 1998.

Rudolf Herrmann war der Überzeugung, dass Priester, und zwar gerade Weltpriester, ein viel dichteres Gemeinschaftsleben pflegen müssten, und er fand damit bei Klaus Hemmerle und weiteren Seminaristen bzw. späteren Freiburger Priestern Anklang. Hemmerle berichtet, diejenigen, die sich mit der Intention eines gemeinschaftlichen Lebens um Herrmann geschart hatten, hätten ihn gebeten, eine Weltpriestergemeinschaft ins Leben zu rufen. Doch dieser habe abgelehnt. Er sei kein Gründer, habe dazu nicht das Charisma. Allerdings habe er sich auf den Weg gemacht und nach einer solchen Gemeinschaft gesucht.

„Dann kam das Jahr 1957. Im Sommer ging Rudolf [Herrmann] zu Pater Lombardi[34] und war von ihm tief beeindruckt. Dieser sagte zu ihm, daß das, was er in der Theorie anbiete, bei der Fokolar-Bewegung in die Praxis umgesetzt würde. Um dies zu erleben, solle er auf die Mariapoli nach Fieri di Primiero in die Dolomiten gehen. Rudolf ging unverzüglich dorthin, und ich erinnere mich noch lebhaft, wie er an einem Tag im August in unsere kleine Wohnung in Freiburg hereinstürmte und ausrief: ‚Klaus, ich hab's!'"[35]

Ein Jahr später, im Sommer 1958, fuhr Klaus Hemmerle das erste Mal nach Italien, und zwar ebenfalls in den kleinen Ort Fieri di Primiero im norditalienischen Fassatal zur so genannten Mariapoli.[36]

Die Idee der Mariapoli, in einem Ferientreffen, in einer „Stadt auf Zeit", das Leben aus dem Wort Gottes und das Leben gegenseitiger Liebe zu erproben und sichtbar zu machen, bei Klaus Hemmerle verfing sie. Nach Deutschland zurückgekehrt machte er sich zusammen mit Rudolf Hermann sofort daran, andere Priester, aber auch Laien im Sinne der Fokolar-Bewegung zu sammeln.[37] Die Bedeutung, die diese erste Italienreise und die Begegnung mit der Fokolar-Bewegung für Klaus Hemmerle gehabt hat, fasste er in einem 1994 wenige Tage vor seinem Tod geführten Gespräch in dem Satz zusammen: „Zum ersten Mal habe ich da Gott wirklich erfahren."[38]

---

[34] P. Riccardo Lombardi SJ (1908-1979), Gründer der Bewegung „Für eine bessere Welt" (Per un mondo migliore), deren Zentrum sich ab 1956 am Albaner See befand.

[35] In Jesus ein Vater durch das Evangelium werden, in: STADEL u. a. (Hg.), Klein und Eins (Anm. 33), 48.

[36] Vgl. Ausstellung Gottes (Anm. 28).

[37] Vgl. HAGEMANN, Alle eins damit die Welt glaubt (Anm. 5), 44-46.

[38] Unser Lebensraum – der dreifaltige Gott. Die Gotteserfahrung von Chiara Lubich, in: AS V, 297.

Ingeborg Bachmann hat im eingangs zitierten Selbstzeugnis von einer Art „Doppelleben" gesprochen, das sie führe: „[D]enn in dem Augenblick, in dem ich in mein Arbeitszimmer gehe, bin ich in Wien und nicht in Rom."[39] Ja sie sei, gerade weil sie sich in Rom befinde, „besser" in Wien. Denn nur in der Distanz zu Wien könne sie in einer für ihre Arbeit förderlichen Weise in Wien sein.[40]

Klaus Hemmerle hat in Italien ebenfalls einen Raum gefunden, den er dann nicht mehr missen wollte, einen Raum, in dem er „besser" leben und „besser" glauben konnte: das Fokolar. Allerdings ist die Signatur dieses Raumes nicht die Distanz, sondern die Nähe – wie es schon der Name „focolare" sagt, der von der Bevölkerung Trients der um Chiara Lubich entstehenden Gemeinschaft verliehen worden ist. Denn „focolare" bezeichnet den Herd bzw. die Feuerstelle und meint Wärme und familiäre Geborgenheit.

Außerdem konnte Klaus Hemmerle diesen in Italien gefundenen Raum mit sich fort nehmen: zunächst zurück nach Freiburg und später zu den anderen Orten seiner Wirksamkeit. In Italien hatte er ihn gefunden, aber er war nicht an Italien gebunden. Insofern meine ich, in einem kleinen Text, den er 1984 anonym publiziert hat, in einer auch anonymen Weise beschrieben zu finden, was das Fokolar, das Hemmerle in Italien für sich entdeckt hatte, für ihn war:

> „Trag dein Haus,
> bleib unterwegs.
> So macht es die Schnecke:
> sie erobert mit ihrer Klausur auf dem Rücken
> die offene Welt.
> So macht es Gott:
> er zieht mit dem Volk
> und wohnt in seiner Mitte
> – er hatte zu tragen an ihnen,
> bei denen zu bleiben er sich band.
> So macht es sein Sohn:
> er geht mit uns,
> er ist der Weg
> – und trägt das Kreuz,
> sein letztes Haus.

---

39 BACHMANN, Wir müssen wahre Sätze finden (Anm. 1), 65.
40 Vgl. EBD.

Und du?
Trag dein Haus,
bleib unterwegs.
Bau dir, bei ihm ein Haus
für unterwegs."[41]

2.3 Jahres-Sabbat

Da jedoch Italien nicht nur das Ursprungsland der Fokolar-Bewegung ist, sondern diese seit 1960 in Rocca di Papa nahe Rom auch ihr internationales Zentrum hat, kam es in der Folge zu weiteren und später immer häufigeren Italienreisen. Die Romaufenthalte Hemmerles trugen insofern zunächst ganz, später zu einem nicht unerheblichen Teil das Vorzeichen des Fokolars.[42]

Allerdings scheint es erst 1969, elf Jahre nach seinem Besuch der Mariapoli in Fieri di Primiero, zum zweiten Italienbesuch gekommen zu sein. Der Grund: Seit 1954 wohnten die Eltern Klaus Hemmerles in seinem Haushalt. Der Vater war krank, die Mutter von labiler gesundheitlicher Konstitution. Bis zum Tod des Vaters im Jahr 1968 vermied Hemmerle deshalb mehrtägige Abwesenheiten. 1969 kam es jedenfalls zum ersten längeren Italienaufenthalt, zum ersten Rombesuch und zu seiner ersten Begegnung mit Alghero auf Sardinien. In jenen Tagen begann er auch die italienische Sprache zu erlernen – autodidaktisch, im Umgang mit den Leuten.[43]

1969 fand das erste Fokolar-Priestertreffen in Rocca di Papa statt. Dieses besuchte Hemmerle und verbrachte im Anschluss daran einige Urlaubstage auf Sardinien. Freunde aus dem Fokolar hatten in Alghero, der Hafenstadt an der nördlichen Westküste Sardiniens, ein Quartier bei der Familie eines Fokolars besorgt, und zwar in der Altstadt von Alghero, in

---

[41] Priesterliche Lebensform, hg. v. Sekretariat der Deutschen Bischofskonferenz, Bonn (= Arbeitshilfen, 36) 173.

[42] Hemmerle kam regelmäßig dorthin im Rahmen seines Engagements für das Netzwerk katholischer Bischöfe in der Fokolarbewegung. Deren Treffen, „Bischofstreffen" genannt, fand ab 1977 jährlich in Rocca di Papa statt. Auch das so genannte „Ökumenische Bischofstreffen", das seit 1982 nicht-katholische Bischöfe bzw. Präsides versammelte, wurde mehrfach in Rom abgehalten (vgl. HAGEMANN, Alle eins damit die Welt glaubt [Anm. 5], 170-175, 199-203). In seinen letzten Lebensjahren kam noch sein Bemühen hinzu um die so genannte „Scuola Abbà" (vgl. ebd., 203-207).

[43] Vgl. HAGEMANN, Alle eins damit die Welt glaubt (Anm. 5), 148.

der Via Misericordia bei „Madre" Manunta, der Mutter eines Fokolar-Priesters und dem Oberhaupt einer vielköpfigen Familie.[44]

Nach Alghero sollte er nun Jahr für Jahr reisen. Insgesamt fünfundzwanzig Mal hat Klaus Hemmerle dort seinen Urlaub verbracht, jeweils für etwa drei Wochen im Zeitraum zwischen Februar und April. Der genaue Termin war für den Hochschullehrer Hemmerle abhängig von den Semesterferien, dem Bischof gab die Frühjahrvollversammlung der Deutschen Bischofskonferenz in der ersten Woche der Fastenzeit den terminus post quem an. Die Aufenthalte Hemmerles lagen insofern nicht nur außerhalb der touristischen Hochsaison, sondern auch in einer Zeit, die als die schönste beschrieben wird, da steigende Temperaturen und gelegentliche Regenfälle alles grünen lassen und Sardiniens Landschaft in ein Blütenmeer verwandeln.

Die Unterkunft war zunächst das Haus von Frau Manunta. Später wurde für etwa zwanzig Jahre das am Rande der Altstadt gelegene Hotel „La Margherita" der Familie Battista Massia das Domizil für Klaus Hemmerle und seine Urlaubsgefährten. Denn nie ist er alleine dort gewesen, es war stets ein Urlaub in Gemeinschaft, in einer Gruppe von drei oder vier Fokolar-Priestern. Wilfried Hagemann, der fast immer dabei war, hat diese Urlaube mittlerweile mehrfach beschrieben.[45]

Die meiste Zeit verbrachten die Priester auf Wanderungen im Umland Algheros. Sie ließen sich morgens von einem Bekannten mit dem Auto vor die Stadt bringen und liefen über Stunden durch die dünn besiedelte Landschaft, besuchten die kleinen Landstädtchen oder wanderten entlang der Küste – nördlich und südlich von Alghero. Zurück ging es per Anhalter. Der Spätnachmittag und Abend gehörte dann der Stadt: Es wurde Gottesdienst gefeiert und gegessen. Spaziergänge führten in den Hafen, auf die Molen, über die alten Bastionen der Stadt.

Alghero war für Klaus Hemmerle nach dem Zeugnis seiner Urlaubsgefährten „der Ort, wo er sich ohne amtliche und öffentliche Verantwor-

---

[44] Einige der im Folgenden noch zu besprechenden Gedichte Hemmerles sind Mitgliedern dieser Familie gewidmet. Vgl. z. B. das Gedicht „Madre Manunta // In memoriam", das folgendermaßen beginnt: „Mich in Aachen auf den Kaiserthron im Dom setzen: / das geht mir nicht übers Herz. / Mich in Alghero auf den Stuhl neben der Tür / in der Via Misericordia 17 setzen: / das geht mir nicht übers Herz."

[45] Vgl. HAGEMANN, Wilfried: Klaus Hemmerle in Alghero, in: Augenblicke. Klaus Hemmerle, Aquarelle und Zeichnungen, 1969-1993, hg. v. d. Stiftung kath. Marienhospital Aachen, Aachen o. J., 5-8; HAGEMANN, Alle eins damit die Welt glaubt (Anm. 5), 148-154.

tung bewegen konnte".[46] Andererseits bildete sich im Laufe der Jahre ausgehend von der Familie Manunta und den befreundeten Fokolaren ein weitläufiger Freundes- und Bekanntenkreis in und um Alghero, und zunehmend wurde Klaus Hemmerle auch zu einer Person öffentlichen Interesses. 1993 verlieh ihm der Hotel- und Gaststättenverband der Stadt aus Anlass seines 25. Besuches eine Ehrenplakette, nach seinem Tod 1994 veröffentlichte die Zeitung der Diözese Bosa-Alghero einen Nachruf.[47]

2004 wurde in Alghero sogar ein Park nach Klaus Hemmerle benannt.[48] Auf einem kleinen Denkmal, das dort errichtet ist und das Emblem seines Bischofsrings aufgreift, steht eine Inschrift, die übersetzt lautet: „Die Stadt Alghero in Erinnerung an Monsignore Hemmerle, Bischof von Aachen, Freund der Algherer".[49]

3. In und um Alghero

In und um Alghero, wohin Freundschaft und geistliche Gemeinschaft Klaus Hemmerle gebracht hatten und wo er diese Gemeinschaft pflegte, ist er jedoch zugleich einer einsamen Beschäftigung nachgegangen. Er hat dort Bilder gemalt und Gedichte geschrieben.

---

[46] BADER/ HAGEMANN, Klaus Hemmerle (Anm. 5), 214.

[47] Vgl. HAGEMANN, Alle eins damit die Welt glaubt (Anm. 5), 148 f.

[48] Vgl. http://www.fokolar-bewegung.de/magazin/artikel.php?artikel=175&type=2 (22.7.2006).

[49] Vgl. EBD.

Abb. 4: Aus dem Besitz Prof. Dr. Reinhard Feiter

3.1 Mit Zeichenstift oder Schreibstift

Wilfried Hagemann berichtet, dass die Bekanntschaft mit dem Maler Nicola Marotta,[50] einer der Schwiegersöhne Frau Manuntas, in Hemmerle schon bald den Wunsch geweckt habe zu malen.[51] So ist das Gros der Bilder Hemmerles entstanden – Aquarelle und Zeichnungen, auf bil-

---

50 Vgl. http://www.nicolamarotta.it/ (22.7.2006). – Marotta hat Hemmerle ebenfalls ein Gedicht gewidmet: „Der Maler // für Nicola Marotta // Schieß deinen Pfeil ins Nichts, / triff das Geheimnis, / laß seine Form dir zufallen, / im Fluge erjagte Beute, / tauche sie in Erdfeuer und Meerblut / und teile sie aus."

51 Zum bildnerischen Nachlass Hemmerles vgl. HAGEMANN, Alle eins damit die Welt glaubt (Anm. 5), 152 f.; REIDT, Franz: Die Seele entfalten und das kurze Leben, in: Augenblicke (Anm. 45), 9-11; DERS., Wort Sinn Bild. Zum bildnerischen Nachlaß von Bischof Klaus Hemmerle, in: „Bilder sind Wege". Aquarelle und Zeichnungen. Ausstellung aus Anlass des 5. Todestages und des 70. Geburtstages von Bischof Klaus Hemmerle, hg. v. Katholischen Bildungswerk der Region Eifel im Bistum Aachen [u. a.], Schleiden 1999, 49-52; FALKEN, Herbert: Zu den Aquarellen und Zeichnungen von Klaus Hemmerle, in: Augenblicke (Anm. 45), 13-15.

ligstem Papier und mit einfachsten Utensilien, wie der Maler und Aachener Priester Herbert Falken einmal bemerkt hat: „Es hat den Eindruck, als ob der Urlauber in Alghero zum Gemischtwarenhändler um die Ecke gegangen ist und dort nach einem Schulmalblock, einem Schulpinsel und Kinderfarben verlangte, auch ein Bleistift und ein Kuli taten es, den Bleistiftspitzer hatte er noch vom vorigen Jahr in der Tasche."[52]

Etwa 500 Bilder Hemmerles sind heute im Besitz der Diözese Aachen; verwahrt werden sie im Diözesanarchiv. Allerdings sind diese nicht alle auf Sardinien entstanden.[53] Wie viele dort gemalte Bilder überhaupt existieren, wird sich kaum noch feststellen lassen, da Hemmerle immer wieder einzelne Exemplare an Freunde oder engere Mitarbeiterinnen und Mitarbeiter verschenkt hat.[54]

Wann die Gedichte, auf die noch näher eingegangen werden soll, im Einzelnen entstanden sind und wann Hemmerle überhaupt begonnen hat, in Alghero Gedichte zu schreiben, ist mir nicht bekannt. Mit Sicherheit kann ich nur sagen, dass Klaus Hemmerle im Urlaub 1988 an den Gedichten gearbeitet hat. Auch kann ich keine Einzelheiten über den Entstehungsprozess berichten. Die Gepflogenheiten Hemmerles geben jedoch Anlass zu der Vermutung, dass es Entwürfe und Vorstücke gegeben hat – notiert in einem einfachen Schreibblock oder auf kleinen und kleinsten Zetteln.

Greifbar ist die Gedichtproduktion Hemmerles in Alghero m. W. heute nur noch in einer von ihm selbst konzipierten Sammlung von 62 Gedichten. Von dieser Sammlung existierte ursprünglich ein Manuskript Hemmerles, gefertigt auf losen Blättern im DIN A 4-Format. Es entstand im Winter 1988/1989 in Aachen. Auf der Grundlage dieses Manuskripts erstellte Frau Marianne Bandel, die Sekretärin Hemmerles, 1989 ein Typoskript. Die handschriftliche Reinschrift ist nicht erhalten, da es seinerzeit Gepflogenheit war, nach erfolgter endgültiger maschinenschriftlicher Abschrift die Manuskripte Hemmerles bzw. eventuelle Vorstücke zu vernichten. Das ist in diesem Fall leider ebenfalls geschehen.

Nach Hemmerles Tod wurden schon bald einzelne Gedichte an verschiedenen Orten veröffentlicht – teils zusammen mit ausgewählten Aqua-

---

[52] FALKEN, Zu den Aquarellen und Zeichnungen (Anm. 51), 14.

[53] Später hat Hemmerle auch in der Schweiz gemalt, wo er sich im Sommer mit anderen Fokolar-Bischöfen traf; vgl. HAGEMANN, Klaus Hemmerle in Alghero (Anm. 45), 8.

[54] Vgl. z. B. HAGEMANN, Wilfried: Ein Meister des Lebens, in: Klaus Hemmerle (Anm. 12), 34.

rellen.[55] Darüber hinaus wurde 1994 der gesamte Textkorpus durch Karlheinz Collas – Klaus Hemmerle hatte ihn, seinen Generalvikar, zum Verwalter seines Nachlasses bestellt – in der Form eines Privatdruckes einem erweiterten Personenkreis zugänglich gemacht. Es handelt sich um ein broschiertes Heft im DIN A 5-Format.[56] Grundlage dieser Ausgabe war das Typoskript von 1989. Hinzugefügt wurde nur ein Inhaltsverzeichnis. Allerdings sind die Texte nochmals neu geschrieben worden; und dabei haben sich einige wenige Versehen eingeschlichen: Tippfehler und Verdrehungen in der Wortfolge.

Zu Lebzeiten Klaus Hemmerles kannten die Bilder und wussten von den Gedichten nur wenige. Dass er jemals eine Ausstellung seiner Bilder erwogen hat, halte ich für unwahrscheinlich. Herbert Falken berichtet, bei seiner ersten Begegnung mit Hemmerle nach dessen Amtsantritt als Bischof von Aachen, habe dieser ihm zaghaft die Bilder seines letzten Urlaubes gezeigt. „Ich muß wohl falsch reagiert und offensichtlich vorschnell mit künstlerischen Maßstäben argumentiert haben, denn er zeigte mir auf Bitten hin niemals mehr seine malerischen und zeichnerischen Notizen."[57] Und vielleicht gehören Hemmerles Urlaubsaquarelle ja auch – wie Falken urteilt – „zum Intimsten, was wir von ihm haben".[58]

Zweifellos stellen auch seine Gedichte sehr persönliche Zeugnisse Klaus Hemmerles dar. Ob er ihre Veröffentlichung jedoch prinzipiell ausgeschlossen hat, ist m. E. fraglich. Faktisch hat er einen entsprechenden Vorschlag Herbert Falkens zwar abgewehrt. Doch der Grund, den er nannte: „Nein, was meinen sonst die Leute, wozu ein Bischof noch Zeit hat?"[59], betrifft nicht die Texte selbst.[60]

---

55 Vgl. Frühling in Alghero, in: Klaus Hemmerle (Anm. 12), 36–50; Augenblicke (Anm. 45), 19, 24, 30, 42, 45 – bei dieser Publikation sind die Gedichtüberschriften weggelassen worden, und in einem Fall wird ein Gedicht nur zum Teil wiedergegeben; FEITER, Reinhard: Gedichte sind Spuren, in: „Bilder sind Wege". Eine Dokumentation, hg. v. Katholischen Bildungswerk der Region Eifel im Bistum Aachen, Schleiden 2000, 34-61.

56 Frühling in Alghero. Sardische Notizen. März 1988, hg. v. Karlheinz COLLAS, o. O. [Aachen] o. J. [1994], 70 S.

57 FALKEN, Zu den Aquarellen und Zeichnungen (Anm. 51), 14.

58 EBD., 13.

59 EBD., 14.

60 Hinsichtlich seiner Textproduktionen war Klaus Hemmerle auch nicht ohne Selbstbewusstsein; und Gedichte bzw. gedichtartige Texte finden sich auch an manchen Orten im publizierten Oeuvre Hemmerles. Vgl. Dein Herz an Gottes Ohr. Einübung ins Gebet, Freiburg i. Br. 1986, 154, 158; Aachen 1986 – eine Botschaft?, in: AS IV, 396,

3.2 Sardische Notizen

Klaus Hemmerles Gedichte können hier weder insgesamt vorgestellt noch einlässlich analysiert werden. Aber einen gewissen Eindruck von der Gedichtproduktion Klaus Hemmerles möchte ich zu vermitteln versuchen.

1. Die Sujets der Gedichte überschneiden sich zu einem nicht unerheblichen Teil mit den Sujets der Bilder, die in Alghero entstanden sind. Nicht eigentlich Gegenstände, sondern Haftpunkte der Gedichte sind das Meer, die Berge, das Meer *und* die Berge, Alghero – die Stadt am Meer, Kirchen und Nuraghen, die Gärten, die Täler, die kleinen Orte im Landesinneren. Zudem bevölkern in großer Zahl Esel und Schafe, Blumen und Bäume, zumal Olivenbäume, Fischer, Hirten und Verkäufer, alte Bekannte und gute Freunde aus vielen Jahren die Gedichte. Hemmerle lernte Alghero und seine Umgebung zu einer Zeit kennen, in der der Tourismus sich zwar zu etablieren begann, die traditionelle, geradezu archaische Hirten-, Kleinbauern- und Fischerkultur ihre prägende Kraft aber noch nicht ganz verloren hatte. Nicht wenige Gedichte zeugen von der Faszination, die davon für Hemmerle ausgegangen sein muss.

Der Hirt

Er packte das Schaf,
warfs nieder auf den Rücken
und schwang es,
zappelndem Wehren zum Trotz,
sich sanft auf die Schultern,
es hinzutragen, das verirrte,
zu den neunundneunzig.

Sardische Mütter

Nuraghen,
schwarz verhüllt,
aus Glaubenssteinen gebaut,

---

oder auch den oben wiedergegebenen Text „Trag dein Haus". Allerdings hat er selbst diese Texte m. W. nirgends als Gedichte bezeichnet, wie ja auch die sardischen Gedichte „Sardische Notizen" heißen.

Herzkammergeheimnisse bergend,
Weisheit in kargen Worten verlautend,
auf Familiengebirgen thronend.

Abschied

In der Kirche löst sich
aus der Menge zu verhaltenem Gruß
die junge Witwe des Hirten.
Als wir nach Mittag
Abschied nehmen vom Dorf,
warten am Pfarrhof die Söhne
mit dem Geschenk.
Sie, um zwei Steinwürfe weit
in der Gasse zurück,
hebt aus dem schwarzen Tuch
die Hand, bis wir entschwunden sind.

2. Immer nehmen die Gedichte ihren Ausgangspunkt von dem, was sich
   sinnlich darbietet; einmal sind es Gerüche.

Altstadt-Düfte

Du mußt die Augen schließen
und die Sinne öffnen
und durch die Altstadt gehen.
Grundton Holzkohlefeuer,
Dominante Meerfrische,
Zwischentöne vom Fischmarkt,
Untertöne Knoblauch.
Viele Obertöne, immer wieder
Rosmarin.

Doch nie geht es um Abbildung; und gerade deshalb finden sich in der
Sammlung auch Gedichte, die eine große Nähe zu seinen Aquarellen
haben, und zwar sowohl im Gewicht der Farben als auch in dem Bestre-
ben, Räume bzw. räumliche Konstellationen entstehen zu lassen.

Kadenz in Blau

Zwischen Bosa und Alghero
ragen die Berge nicht,
sie fallen.
Schwingende Bögen
führen,
sich kreuzend, sich fangend
in Blau von Blau zu Blau,
vom Himmel zum Meer.

Punta Giglio

Steig von den Pinienhainen
der Engelsszenen des Quattrocento
durch van Gogh'sches Gelb
der Kugelflächen aus Wolfsmilch und Ginster
auf zum Bild,
das sich selber malt:
zwischen blauen Kissen aus Rosmarin
das Weiß der wilden Lilien
auf dem Fels, der silbern
abstürzt in smaragdenes Meer.

Valverde

I.
Der Himmel neigt sich
und gräbt in die Erde
eine Apsis
aus Felsen und Grün.
Eingepflanzt zum Altar
das weiße Heiligtum.
Wolkenweihrauch
fährt nieder vom hohen Blau,
und rötlichen Straßenteppich
rollt die Stadt
den Pilgern unter die Füße.
[…]

3. In ihrer endgültigen Textgestalt ist den Gedichten ein Titelblatt beigefügt mit der Aufschrift:

„Frühling in Alghero
Sardische Notizen
März 1988"

Weiterhin ist die Sammlung durch Zwischenblätter gegliedert, auf denen die mit römischen Ziffern nummerierten Überschriften von acht Kapiteln verzeichnet sind:

„ I. In der Stadt"
„ II. Im Land"
„ III. Um Villanova"
„ IV. Um Valverde"
„ V. Längs am Meer"
„ VI. In den Gärten"
„ VII. Nochmals: die Stadt"
„ VIII. Gestalten und Zeichen"

Von daher ergibt sich eine Gliederung, die einem Register von Wanderrouten gleicht:
In der Stadt Alghero (4 Gedichte) nehmen alle Wege ihren Anfang. Dann aber steigen sie einmal auf die Hochebene hinauf (13 Gedichte), wenden sich ein anderes Mal aber zum Dorf Villanova (6 Gedichte) oder besuchen den kleinen Marienwallfahrtsort Valverde (5 Gedichte). Wieder ein anderes Mal folgen sie der Küstenlinie zwischen Alghero und Bosa (8 Gedichte) oder durchstreifen die Gärten an den Straßen im Land (11 Gedichte). Doch alle Wege kehren zur Stadt zurück (5 Gedichte), und wohin sie auch führen, überall sind „Gestalten" und „Zeichen" anzutreffen (10 Gedichte).
Das erste und letzte Gedicht rahmen zudem diese Wege, indem sie die Titelstichworte auflösen. Das letzte spricht vom Frühling, das erste von der Stadt Alghero.

Nachmittag im Hafen

Zwischen den graphitenen Muschelschalen
Himmel und Meer
schimmert die Perle Stadt.

Nur sacht klirrende Schiffstaue
verlauten.

Sie aber
schaut aus Turmaugen
goldbraun gegen Abend.

Feigenbaum im März

Wie ein Fremdling im Frühlingsgarten
der graue Kreisel
aus übereinander ragenden
sich rückwärts neigenden,
nach oben blickenden
Oranten.

Am letzten Tag
entquillt den aufgehobenen Händen
erstes Blattknospengrün.

4. Näher betrachtet erweisen sich die Gedichte „Feigenbaum im März"
und „Nachmittag im Hafen" sogar als solche, von denen aus themati-
sche und ästhetische Linien durch die gesamte Sammlung hindurch
verfolgt werden können.
Die Platzierung des Gedichtes „Feigenbaum im März" ans Ende der
Sammlung mag insofern plausibel sein, als eine Begebenheit des letzten (Urlaubs-)Tages ihr Sujet zu sein scheint: dass am Vortag der Ab-
reise auch der Feigenbaum, der Spätling, noch sein erstes Grün zeigt.
Doch unter dieser Voraussetzung erschiene das Motiv des Gebetes
(die „Oranten", die „aufgehobenen Hände") nur aufgepfropft und
müsste dem Autor als einem Theologen und Bischof nachgesehen
werden.[61] Die Frage ist allerdings, ob hier wirklich durch den Zugriff
der Frömmigkeit aus einem Feigenbaum einfachhin ein Beter wird.
Da ist zunächst der noch blattlose *Feigenbaum*, und dieser steht da,
einem menschlichen Beter gleich, der allein und unerhört dasteht. Da
sind sodann die zum Gebet erhobenen *menschlichen Hände*, und

---

61 Einem Autor nämlich, der um die biblische Beziehung des Feigenbaums zur eschatologischen Reich-Gottes-Predigt Jesu und darin auch zum Gebet weiß; vgl. Mk 11,12-
14 par. und 11,20-26 par. sowie Mk 13,28f par.

ihnen entsprießt – „am letzten Tag" – gleich einem Feigenbaum im Frühling knospendes Grün. Beides aber ist durch die strophische Gliederung voneinander getrennt. Eine platte Identifizierung findet nicht statt.

Hemmerles „Sardische Notizen" sind fraglos fromm, aber deshalb nicht schon eine Sammlung „frommer Gedichte". Religiöse Motive und biblische Metaphorik sind in den Gedichten zwar allgegenwärtig, aber nicht als solche wichtig. Wo sie sich in den Vordergrund drängen, was m. E. vorkommt, da ist auch das Ergebnis entsprechend. Doch im Kern ist die Frömmigkeit der „Sardischen Notizen" eine Erfahrung der Kreatürlichkeit, und zwar einer Kreatürlichkeit, in der die Gattungsgrenzen niederlegt sind. Die Gedichte leben von einer urbildlichen Vertrautheit von allem mit allem – weil alles gut ist, weil aber auch alles verbunden ist in Compassion.

So werden die Grenzen zwischen Kultur und Natur fließend. Es ergeben sich Symmetrien und Spiegelungen, ja Spiele – und diese sind durchaus franziskushaft und überspringen dann auch unbefangen Grenzziehungen zwischen poetischer und religiöser Sprache.

Symmetrie

Wellenherden
ziehen zum Strand
mit Wogengeläut,
von Felsenhirten
behütet.

Wollenes Meer
schwappt über die Straße
glockende Gischt,
an den Wachtturm mit den freundlichen Augen
brandend.

Kirche San Francesco

I.
In den Nischen von San Francesco
werden Statuen Beter
und Beter Statuen.
Du siehst
Unbewegte den Himmel bewegen

und Bewegte
Ruhe finden.
[…]

Das Lamm

Was sollten wir tun?
Es lief uns nach, das Neugeborene,
ließ sich nicht von uns trennen.
Da stülpten wir
den Wanderhut
ihm über die zarten Ohren.
Im unversehenen Dunkel
die Nacht vermutend,
legt' es sich stracks zu Boden
und schlief ein.
Der Hirte kam,
es heimzuholen.

5. Solche Symmetrien und Spiegelungen und Spiele stehen und fallen
    aber damit, dass Freiheit waltet, dass ein Hiatus bleibt, und sei es nur
    die kaum merkliche Sprechpause, die der Text erfordert. Nicht Zugriff
    und Aufdringlichkeit nähern Mensch und Natur, Gott und Welt einan-
    der an, sondern eine „passive Synthesis" (Edmund Husserl); und das
    zeigt „Nachmittag im Hafen".
    „Nachmittag im Hafen" präsentiert zweifellos am Beginn der Ge-
    dichtsammlung die Stadt Alghero. Trotzdem ist dieses Gedicht mehr
    als ein „Titelfoto". Es gibt an, worum die „Sardischen Notizen" krei-
    sen, und das ist nicht, was es zwischen Himmel und Erde gibt, son-
    dern was sich zwischen Himmel und Meer, also zwischen zwei
    „Unermesslichkeiten" *zu sehen* gibt – und was wie die Perle nie nur
    schön, sondern auch aus einer Verletzung hervorgegangen ist. Das
    Gedicht zeigt auch nicht nur, wie die Stadt sich dem Sehen des Sehen-
    den (1. Strophe) und Hören des Hörenden (2. Strophe) darbietet. Viel-
    mehr demonstriert es zugleich, dass sich demjenigen, der seinem
    Sehen und Hören wirklich etwas (sinnlich) *geben* lässt, zugleich
    zeigt, dass das, was gesehen und gehört wird, auch „verlautet"
    (2. Strophe) und „schaut" (3. Strophe) .

Die Voraussetzung ist allerdings, der Wirklichkeit, die schaut, gewissermaßen nicht in die Augen sehen zu wollen, sondern sie schauen zu lassen „gegen Abend".

Respekt ist gefordert – bis hin zur eigenen Verfremdung. Dann aber lässt die Wirklichkeit sich dabei zusehen, wie sie schaut.

In Ittiri

Frauen wie Wachttürme,
den Wurf des schwarzen Schleiers
um den Mund,
spähen aus Jahrhunderten her
dem Fremden zu.

Dann kann es geschehen, dass ich selbst Steine nicht nur sehen, sondern auch mir zublicken sehe.

Sehende Steine

Steine können sehen.
und du siehst es beim Aufstieg,
wenn sie dem mannshohen
Dickicht über die Schulter schauen
und dir verlorenen Mut
und verlorenen Weg
zublicken.

Und dann kann es zu einem nicht nur wiedererkennenden, sondern auch zu einem „sehenden Sehen" (Max Imdahl) kommen.

Erinnerung

Wo die Berge Kronen tragen
aus Felsenhäusern
– wer hat sie aufgeschichtet? –,

wo die Schafe zweimal weiden
– wer hat sie steinern im Gestrüpp verstreut? –

da hebt sich in Verdacht und Ahnung
Erinnerung an nie Gewesenes.

Das Portal

Du hast nichts zu verschließen,
Reliquie zerfallender Mauerherrlichkeit
im wilden Garten.
Alles steht offen.
Und doch öffnest du,
Pforte zu dem,
was im Offenen verschlossen bleibt.

Angesichts der Frage nach dem Italienbild Klaus Hemmerles kann darauf verwiesen werden, dass es von ihm in Italien geschaffene Bilder und eine Sammlung von Gedichten gibt, deren Sujets einzig und allein von der Stadt Alghero und ihrem Umland genommen sind. Doch die Pluralität und die Gattungen dieser Zeugnisse machen es vielleicht nur umso schwerer, Aussagen über das Italienbild Hemmerles zu treffen. Was die Gedichte betrifft, so sind sie gewiss eine Hommage an die nördliche Westküste Sardiniens und an die Menschen, denen er dort begegnet ist. Es sind – wie sollte es anders ein – auch autobiographische Zeugnisse. Aber es sind, wenn es denn Gedichte sind, auch Texte, die ebenso viele Fragen aufwerfen, wie gegenstandlos machen.

Erzählt Klaus Hemmerle im folgenden Gedicht von seinen Besuchen in den pinettas, den Hütten der sardischen Hirten? Ist am Ende das Fokolar gemeint? Hat er an den berühmten Ausspruch des griechischen Philosophen Heraklit gedacht: *Introite, nam et hic dii sunt*? – Mag sein, aber zunächst einmal ist es eine Aufforderung, und zunächst einmal zum Lesen.

Gastfreundschaft

Tritt durch den Spalt,
atme die Ordnung,
lerne am Herd
die Würde des Gastes
und empfang
in der Fülle der Gaben
deren königliche:
anvertrautes Leid.

Dieter Breuer

Gustav René Hocke in Italien

I

Über die Reise von Köln nach Rom, die seinem Leben die entscheidende
Wende gab, schreibt Hocke:

> Im Juni 1940 kam die Wende. Kurt Neven [Dumont] schickte mich als
> Italienkorrespondenten [...] nach Rom. Zunächst für vier Monate.
> Mehr war nicht genehmigt worden. Kurt Neven sorgte auch für einen
> der letzten Möbel-Transporte nach Italien. Viel besaß ich nicht. Das
> Wertvollste war eine Gouache von Max Ernst [...] Als ich im fast lee-
> ren Eisenbahnzug die Brenner-Grenze überschritt, machte ich das
> Kreuzzeichen und schwor mir, nicht wieder nach Deutschland zurück-
> zukehren, solange Hitler an der Macht war.[1]

Hocke war zu diesem Zeitpunkt 32 Jahre alt. Nach seiner Promotion und
halbjähriger Arbeitslosigkeit hatte er im September 1934 eine Stelle als
Volontär bei der *Kölnischen Zeitung* angetreten; kurz darauf wurde ihm
die Leitung der Kulturredaktion übertragen. Mit Verleger und Redaktion
hatte seither auch Hocke versucht, unter dem immer stärker werdenden
Druck der NS-Parteistellen und der Zensurvorgaben aus Berlin der liberalen Linie des renommierten Blattes und sich selbst treu zu bleiben. Er
war mehrfach durch regimekritische Artikel aufgefallen, zuletzt, im September 1939, nach Kriegsbeginn, durch defätistische Äußerungen, die
ihm ein Gestapo-Verhör einbrachten. Der Verleger wollte Hocke schüt-
zen. Zudem bot Rom einen relativ unabhängigen Zugang zu Informationen über die Weltlage und den Kriegsverlauf: eine anspruchsvolle
Aufgabe für einen kritischen Kopf wie Hocke, der in der verdeckten
Schreibweise geübt war.
Gustav René Hocke wurde am 1. März 1908 in Brüssel als Sohn des aus
Viersen stammenden Kürschners und Lederwarenhändlers Josef Hocke
und seiner belgischen Ehefrau Anna geb. de Nève, Tochter des Brüsseler
Hofmalers Gustave de Nève, geboren und katholisch getauft. Bis zum

---

[1] Gustav René Hocke: Im Schatten des Leviathan. Lebenserinnerungen 1908-1984.
     Hrsg. u. kommentiert von Detlef HABERLAND. München, Berlin: Deutscher Kunst-
     Verlag 2004, 127f. Künftig zitiert als: Leviathan.

Ausbruch des Ersten Weltkriegs wuchs er in der „stillen und schlichten Noblesse" gutbürgerlicher Verhältnisse auf, dreisprachig deutsch, französisch, flämisch. Der Krieg riß die Familie auseinander: Der Vater kämpfte auf deutscher Seite, der Bruder der Mutter auf belgischer. Der Großvater nahm Tochter und Enkel in seinem Haus auf, wo der kleine René im Geiste eines „weltoffenen Katholizismus" heranwuchs. Im Atelier des Großvaters wurde er schon früh mit Kunst und Literatur vertraut. Er erlebte allerdings auch die Auswirkungen des Krieges mit: den Einmarsch der deutschen Truppen, die Besatzungszeit, die Verwundetentransporte am nahen Bahnhof Schaarbeek, den deprimierten Vater auf Fronturlaub, das Hungerjahr 1917, die Ausweisung der durch Heirat Deutsche gewordenen Mutter mit den beiden Kindern aus Belgien im November 1918, die fünftägige Fahrt im überfüllten Zug nach Aachen: „Etwas Düstereres, Armseligeres, Traurigeres als diesen damaligen Bahnhof hatte ich noch nicht gesehen. Aber man hörte keine Schüsse, keine Schreie mehr! Alte Damen reichten uns Brot und Milch. So betrat ich mein ‚Vaterland'." Sarkastisch kommentiert Hocke die verstörenden Kindheitserfahrungen. Der Familie blieb die niederrheinische Kleinstadt Viersen, wo der aus dem Krieg heimgekehrte Vater ein Geschäft eröffnete und der Sohn das Gymnasium besuchte, durch französischen Akzent und seine nach Brüsseler Art geschneiderte Kleidung herausgehoben und schon bald als dandyhafter, selbstbewußter „Princeps Elegantiae" renommierend.[2] Das trug ihm in der Untersekunda den Verweis von der Schule ein und den Wechsel zum Realgymnasium in Mönchengladbach. Dort bestand er 1929 das Abitur. Schon als Schüler begeisterte er sich politisch für die Aussöhnung mit Frankreich, die Westorientierung Deutschlands und die Schaffung einer „europäischen Nation". Zum Tode Stresemanns verfaßte er einen Gedenkartikel, den die *Viersener Zeitung* am 8.10.1929 abdruckte. Als Berufsziel hatte er beim Abitur „Journalist" angegeben.

Zum Studium ging Hocke nach Berlin und schrieb sich zunächst für die Fächer Germanistik, Romanistik und Philosophie ein. Die Mittel für sein Studium – die Eltern waren durch Krieg und Inflation verarmt – verdiente er sich mit Hilfsarbeiten in einer Berliner Bank, dann als Hauslehrer außerhalb Berlins, bis der Romanist Eduard Wechsler dem tüchtigen Studenten zur Aufnahme in die Studienstiftung des Deutschen Volkes verhalf. Ein Buch des Bonner Romanisten Ernst Robert Curtius, das für eine

---

[2] EBD., S. 28.

europäische Geistigkeit jenseits von Nationalismus und Internationa-
lismus warb, gab ihm den Anstoß zum Wechsel an die Universität Bonn,
wo er bis zu seiner Promotion Romanistik bei Curtius und Philosophie
bei Erich Rothacker studierte. In seiner Autobiographie bemerkt er über
die damalige Bonner Universität:

> In Bonn spürte man den ‚Herzschlag' der Zeit. Was wir damals schon
> wollten, wurde hier erfüllt: Aktualität und Universalität des Denkens,
> Zeitkritik und solide Wissensgrundlagen. Liberaler und geistreicher
> konnte es damals nur an wenigen deutschen Universitäten zugehen ...
> Bis die Katastrophe von 1933 alles zerstörte.[3]

Ein Vortrag von Alfred Döblin in Bonn über die geistige Situation in
Deutschland reizte ihn sogleich zu einer publizistischen Aktion: zu
einem kritischen Offenen Brief, der in der Zeitschrift *Das Tagebuch* (11,
1930, H. 27) mit einer Stellungnahme Döblins abgedruckt wurde und
erhebliches Aufsehen erregte.[4] 1931 erhielt er für sein Dissertations-
thema: „Lukrez, De rerum natura, in der französischen Literatur" ein
Reisestipendium nach Paris, wo er neben der Arbeit in der Bibliothèque
Nationale durch Vermittlung von Max Ernst Zutritt zum Kreis der französischen Surrealisten um André Breton erhielt.
Hocke hat diese Begegnung, die seine Einstellung zur Kunstmoderne
prägen sollte, in seiner Autobiographie wie folgt festgehalten:

> Damals lebte auch Gert Heinz Theunissen, der Freund aus dem rheini-
> schen Viersen, in Paris, um die französische Sprache, Literatur und
> Kunst – jenseits der Universität zu studieren. Für einen Essay über
> Max Ernst hatte er gerade einen Preis bekommen. Ein Kontakt mit
> dem rheinischen Maler war leicht herzustellen. Er wohnte und wirkte
> in einer bescheidenen Atelier-Wohnung am Boulevard St. Germain.
> Mit den hellen blauen Augen, dem schmalen Kopf und der glatten
> rosigen Haut wirkte Max Ernst wie ein Ariel. Über einem seiner
> Arbeitstische hing ein riesiges, kostbar eingerahmtes weißes Lein-
> wandstück mit nur einem blauen Klecks darauf, so groß wie ein Luft-
> ballon. Darunter war zu lesen: „La couleur de mes rêves". Er machte

---

[3] EBD., S. 64.
[4] Die Texte sind abgedruckt und kommentiert in: Alfred DÖBLIN: Der deutsche Mas-
kenball von Linke Poot. Wissen und Verändern. Olten und Freiburg i.Br. 1972 (= Ausgewählte Werke in Einzelbänden), S. 125-266 (Texte) u. 298-303 (Kommentar).

uns auf die wichtigste surrealistische Literatur aufmerksam, vor allem auf die Zeitschrift *La Révolution Surréaliste*. Dann versprach er uns eine baldige Aufnahme in den Kreis des sogenannten Papstes dieser „Bewegung", die damals [1931] ihren Höhepunkt erreicht hatte, in den „Salon" André Bretons.

Schon einige Tage später wurden wir als Gäste in dessen Haus auf dem Montmartre gebeten. Anwesend waren Salvador Dalí, der damals langes Haar im Stile eines Musketiers des 17. Jahrhunderts trug, enge blaue Hosen, ein gelbes Hemd und rote Mokassins. Er schien verärgert. Besonders herzlich empfing uns der bedeutendste Dichter dieser Gruppe, Paul Eluard. Er war korrekt und elegant angezogen wie ein Gentleman. Seine aristokratische Stilisierung bildete einen seltsamen Gegensatz zur Schärfe seiner auch politischen Pamphlete. Tristan Tzara, nervös wie ein Kabarett-Zauberer vor der Aufführung, drückte uns gleich die Hände. René Crevel, der kurz danach freiwillig aus dem Leben schied, sagte betont: „Endlich Deutsche!" Mit kurzen Worten stellte uns André Breton vor. Er macht aus uns schon Schriftsteller. Eine Ausbreitung des Surrealismus sei auch in Deutschland wünschenswert. Dort kannten ihn damals – 1931 – nur wenige. [...]

Mit unserem Besuch hatten wir offenbar eine [politische] Diskussion unterbrochen. Sie wurde jedoch fortgesetzt. [...] Ich war [...] erleichtert, als das Gespräch sich [...] bald den Plänen und Schöpfungen der einzelnen zuwandte. Ich erfuhr von Ausstellungen, die damals kaum beachtet oder ausgepfiffen wurden. Ich suchte dann noch einzelne dieser Gruppe auf, erhielt von ihnen die wichtigsten Neuerscheinungen. Eingeladen wurden wir auch zur Uraufführung des Filmes *L'Age d'Or* (Das Goldene Zeitalter), einer phantastischen Persiflage der vom Pharisäismus unterdrückten Erotik. [...] Den Film habe ich nie vergessen. Er gehört – wie die besten Bilder von Max Ernst und die schönsten Gedichte von Paul Eluard – zu den überzeitlichen Werten des Surrealismus, der erst nach 1945 in breiteren Kreisen Deutschlands bekannt werden konnte.[5]

Hocke hat zeitlebens zwei surrealistische Bilder um sich gehabt: „Grätenwald" von Max Ernst und „Die Photographen – Entführung des Pegasus" von Gianfilippo Usellini,[6] letzteres erwarb er 1940 im Mailänder Atelier des Malers.

---

[5] Leviathan, S. 78f
[6] Vgl. EBD., S. 148f. und S. 471.

Wieder in Bonn, stellte er seine Dissertation fertig. Nach der Promotion im Februar 1934 lebte er zunächst arbeitslos bei seinen Eltern in Köln. Im Kreis seiner Kölner Freunde Joseph Witsch, Karl Troost, Ernst Wolf, Hans Mayer, allesamt Nazigegner, versuchte er, seine geistige Unabhängigkeit aufrecht zu erhalten, was aber nicht ohne tarnenden Eintritt in die SA bzw. im Falle Hockes in die SA-Marine in Köln-Deutz abging. Nach zahlreichen Fehlschlägen bei der Arbeitssuche verfaßte er einen Essay, *Die Ästhetik des modernen europäischen Romans* (über Proust und Joyce), trug ihn zum Feuilletonredakteur der *Kölnischen Zeitung* und fand dort nach eingehendem Verhör Zustimmung und sogar nach weiteren Vorstellungsgesprächen im September 1934 die ersehnte Anstellung, zunächst als Volontär, wenig später als Leiter der Kulturredaktion.

In den folgenden Jahren veröffentlichte er nebenher auch etliche subversiv gemeinte Schriften: die Übersetzung einer Schrift von Alexis de Toqueville (1935), den Essay *Das geistige Paris 1937*, die Sammlungen *Der französische Geist. Essays von Montaigne bis Giraudoux* (1938) und *Europäische Künstlerbriefe* (1938). 1939 folgte sein Italien-Reisebuch *Das verschwundene Gesicht. Ein Abenteuer in Italien*, 1940 seine Anthologie *Deutsche Satiren des 18. Jahrhunderts*. Inzwischen, 1937, hatte er die Engländerin Mary Turner geheiratet, 1938 wurde Sohn Martin geboren. Der politische Druck auf die Redaktion wurde stärker: Die Gauleitung nötigte die Redakteure, in die Nazi-Partei einzutreten, so wurde auch Hocke Parteianwärter, als solcher aber erst 1942 in die Partei aufgenommen, als er längst in Rom war und bald darauf – er war in den Untergrund gegangen – ein Fall für ein Ausbürgerungsverfahren wurde. Noch am Tag des Kriegsausbruchs war Hockes Frau mit dem Kind nach England zurückgefahren, bald schon bei ihren Eltern in Coventry ausgebombt.

II

In seiner Autobiographie, auf die ich mich hier stütze, hat Hocke auch seine Ankunft in Rom beschrieben und sich dabei zugleich selbst charakterisiert:

Nach der Ankunft in Rom übermannte mich allerdings vollends das, was man mit einem altmodischen Wort als Seligkeit bezeichnete. Ich stieg, in der Nähe des Spanischen Platzes im altmodisch-anheimelnden Albergo d'Inghilterra ab. Kaum hatte ich das Gepäck abgegeben, verließ ich mein Zimmer und schlenderte erst einmal wie ein Tourist ohne Uhr zur Piazza Venezia. Rom vibrierte in anscheinend kaum angefochtener friedlicher Vitalität, auch wenn manche Schaufenster schon Luftschutz-Zeichen zeigten. Jedenfalls leuchtete alles üppig und frei, fast herausfordernd.

In der Nähe des Kapitols aß ich zu Abend, mit Wein aus den Castelli Romani. Davon nahm ich mir noch einen Fiasko mit. Dann stieg ich aufs Kapitol, nun schon sehr müde. Die Nacht war warm und sternenklar. Ich kletterte über eine Umzäunung in der Nähe des Senatshauses und legte mich unter einem Oleanderbusch auf die Wiese. Dann suchte ich den Jupiter-Stern. Als ich ihn entdeckte, fielen mir die Augen zu. Ich erwachte im Morgengrauen und schlich mich mit der Sorge in mein Hotel zurück, man könne ‚schlecht von mir denken'. Nie war ich Rom näher als in dieser ersten Nacht, die ich mit der sogenannten Ewigen Stadt unter funkelnden Sternbildern im Freien verbrachte.[7]

Der Text verrät dreierlei über den Autor und sein Italien. Erstens: Hocke stilisiert sich in der romantischen Tradition des Deutschrömertums: wie Eichendorffs Taugenichts klettert er über den Zaun, wie Wilhelm Heinses Ardinghello verbringt er die Nacht an ehrwürdigster antiker Stätte unter jovialischen Vorzeichen im Einklang mit Geschichte und Natur, eine Hochzeitsnacht sozusagen. Seine Wahrnehmungen Roms und Italiens sind durch umfassendes literarisches Bildungswissen vorgeprägt. Das Zweite ist die Selbstverpflichtung auf bürgerliche Wohlanständigkeit; seit Schülertagen ist er auf Eleganz des Auftretens und Wahrung der Formen bedacht. Der Text verweist uns aber auch drittens bei aller Beseligung auf seinen Blick für die Realitäten der Gegenwart: Hier sind es die Anzeichen des bevorstehenden Kriegseintritts des faschistischen Italien. Nicht nur das historische Rom, sondern auch das der Gegenwart des Zweiten Weltkriegs, dann das Italien der Nachkriegszeit, wird ihn bis zu seinem Tode 1985 nicht mehr loslassen.

Es fällt auf, daß das päpstliche, das kirchliche Rom in dieser Schilderung der ersten Begegnung nicht vorkommt, und tatsächlich zeigt die Autobiographie bei allen freundschaftlichen Kontakten zu vatikanischen Prälaten und Funktionsträgern in der Berichterstattung über die Ära der Päpste Pius XII., Johannes XXIII., Pauls VI. und Johannes Pauls II. eine gewisse Distanziertheit, die einerseits durch den moralisch-humanistische Impetus, andererseits durch die Fixiertheit auf die sich in seinen

---

7 EBD., S. 129.

Augen ständig verdüsternde weltpolitische Situation bedingt sein dürfte. Leitbild für seine Wahrnehmung Roms, Italiens und der übrigen Welt wird immer mehr das biblische Bild vom Leviathan, das er, ausgehend von Hobbes, im Sinne eines immoralischen, die Volksmassen zu Kriegen verführenden machtstaatlichen Denkens deutet. *Im Schatten des Leviathan* ist der Titel seiner Autobiographie (entstanden 1969-1984). Das Verhältnis von Macht und Moral in der Weltgeschichte, das er schon in den ersten römischen Tagen mit dem Kollegen Heinz Holldack von den *Münchner Neuesten Nachrichten* diskutiert, wird für ihn, wie er selbst zugibt, „zu einer Art Zwangs-Problem",[8] gegen das seine humanistische Bildung – Literatur, Kunst, Philosophie, aufgeklärte Religiosität – einen schweren Stand hat und das im Alter zu schweren Depressionen und sogar zu einem Selbstmordversuch führt. Was Hocke in der Autobiographie schildert, ist der Selbstbehauptungsversuch eines humanistisch gebildeten, alteuropäischer Geistigkeit verpflichteten bürgerlichen Intellektuellen und Moralisten inmitten der Modernisierungsschübe des 20. Jahrhunderts mit ihren Ideologien, revolutionären Bewegungen und Weltkriegen, an einem Ort wie Rom, an dem die gesellschaftlichen Verwerfungen immer spürbarer wurden:

Im hektischen Wirrwarr der dem Stahl und Beton verfallenen Metropole am Tiber waren nach dem Zweiten Weltkrieg neue Lebensprobleme entstanden. In Rom erfolgte – wie in ganz Italien – eine oft heftige soziale Umschichtung. Die gesellschaftlichen Verhältnisse änderten sich von Jahr zu Jahr. Das alte ‚patriarchalische Rom' von einst wurde von einer neuen technisierten Weltstadt mit noch ungegliederten Maßen zurückgedrängt. Die Deutschrömer mußten in dem Augenblick ihre alte Bedeutung verlieren, als sie sich solchen Erscheinungen und Problemen verschlossen; als sie nur noch im Wolkenkuckucksheim eines ‚klassisch-humanistischen' oder ‚romantischen' Rom lebten; als sie sich – in einem ästhetischen wie intellektuellen Sinne – nur noch auf den Spuren vergangener römischer Größe bewegten.[9]

Im folgenden will ich mich auf drei Aspekte dieses Selbstbehauptungsversuches beschränken: Hockes Bild des faschistischen Italien, seine Begegnung mit der Kunst in Italien und seine Darstellung des Zweiten Vatikanischen Konzils.

---

8 EBD., S. 131.
9 EBD., S. 529.

III

Hocke war zuvor bereits im Sommer 1938 als Tourist durch das faschistische Italien, näherhin durch Apulien und Kalabrien gereist und hatte anschließend in Köln seine Eindrücke im bereits genannten Reisebuch *Das verschwundene Gesicht* (1939) verarbeitet: keineswegs kritisch, sondern um das moderne Italien der Hitler-Diktatur als positives Gegenbild gegenüberzustellen. So bewundert er an der im faschistischen Geist modernisierten Hafenstadt Bari die „eckigen Rhythmen aus Stahl und Beton", die Synthese aus dem Erbe eines „herrisch geformten Seelentums" und der „Eckigkeit der Modernität", die unter der „leidenschaftlich klaren Sonne" ein hintergründiges Antlitz zu formen vermöge, das mehr sei als „Blankheit, Glätte, Leere und Verstumpfung des Blicks"[10]: die faschistische Moderne als Vorgang einer „mythischen Erneuerung".[11] In Form eines Lehrgesprächs befürwortet er sogar als Idealstaat die einst von Pythagoras im sizilischen Kroton vertretene Form der „gemäßigten Tyrannei, die zwischen Freiheit und Ordnung weise ausglich, die die unbedingte Führung betonte und doch weite Selbstbestimmungsmöglichkeit und aufrichtige Kritik erlaubte", die „die Strenge der Disziplin" mit „ausschweifender Abenteuerlichkeit des Denkens" verbunden habe.[12] „Das faschistische Italien wurde auf diese Weise für den jungen Deutschen zu einem Land der Freiheit, indem es sich atmen und leben ließ." So kommentiert der Historiker Zondergeld Hockes damaliges Italienbild: Im Elitedenken und in einer ihn als „klassisch" berührenden intellektuellen Vitalität der jungen faschistisch orientierten Akademiker und Künstler, mit denen er zusammengetroffen sei, habe er sich selbst wiedererkannt.[13]
Auch Hockes Schilderung der Ankunft in Rom Anfang Juni 1940 steht noch ganz unter den Eindrücken von 1938. Sein Auftrag, Nachrichten über den objektiven Kriegsverlauf zu sammeln und an die Kölner Redaktion zu übermitteln, änderte daran noch nichts. Er wertete die in Rom

---

[10] Gustav René HOCKE: Das verschwundene Gesicht. Ein Abenteuer in Italien. Leipzig-Markkleeberg 1939, S. 225. Zit. nach Rein A. ZONDERGELD: Die Zeit der Mythen. Gustav René Hocke als Erzähler. In: Viersen. Beiträge zu einer Stadt. Hrsg. vom Verein für Heimatpflege e.V. Viersen. Bd. 16: Hommage à Gustav René Hocke. Die Welt als Labyrinth. Red. Jutta BUSCH, Albert PAULY. Viersen 1989, S. 53-62, hier S. 54.
[11] Hocke, Das verschwundene Gesicht, S. 119. Zit. nach ZONDERGELD, S. 56.
[12] EBD., S. 110 zit. nach Zondergeld, S. 56.
[13] ZONDERGELD (wie Anm. 10), S. 55.

erhältliche Auslandspresse aus und wurde Mitglied im von Mussolini eingerichteten noch relativ freien Club der Auslandspresse, der Stampa Estera. Seine Einstellung änderte sich jedoch nach dem Eintritt Italiens in den Krieg an der Seite Hitler-Deutschlands, den Mussolini am 9.6.1940 verkündete. Hocke wird Zeuge dieses Auftritts des Duce auf der Piazza Venezia, weiß sich mit der Mehrheit der Italiener einig in der Ablehnung dieser Entscheidung, kann aber das Ereignis nur unkommentiert durchgeben.

Ich mußte mich mit einem Nachrichten-Bericht begnügen. Ich erkannte also deutlich, daß auch für einen Auslandskorrespondenten in dieser Lage jede ideelle Vorstellung von Wahrheit, in Berichterstattung wie in Meinungsäußerung, pure Illusion ist. Dieses Erlebnis ist für meine zweite Berufsphase entscheidend geworden.[14]

Jeden Bericht für die *Kölnische Zeitung* habe er „dreimal schreiben müssen, um nicht verbotenen Nachrichten-Stoff allzu auffällig hineinzuschmuggeln"[15] und wenigstens die italienische Zensurstelle passieren zu können. Nachrichtenquellen sind für ihn der *Osservatore Romano*, Schweizer Zeitungen, BBC London, bald aber auch schon Pater Robert Leiber, der politisch stets gut informierte Berater Papst Pius XII., und der Leiter der Deutschland-Abteilung im Vatikan Prälat Bruno Wüstenberg, mit dem er sich anfreundet, sowie der römische Stammtisch des älteren Kollegen Philipp Hiltebrandt.
Nach dem Kriegseintritt Italiens wird das Leben auch für die Auslandskorrespondenten in Rom gefährlicher; Hocke notiert:

Jede Nacht seit Kriegsbeginn Fliegeralarm und wildes Flak-Feuer. Es hallt mit gewaltigem Getöse zwischen den sieben Hügeln. Aber die Farben Roms und seine Bauten, [...] tragen einen wie ein Traum, auch wenn Roms schönste Gebäude hinter Sandsäcken unsichtbar werden.[16]

Heimliche Kontakte zu italienischen Antifaschisten und deutschen Nazigegnern, ständige Furcht vor Bespitzelung, eine staatlich verordnete Journalistenfahrt an die italienisch-französische Front verstärken den

---

[14] Leviathan, S. 133.
[15] EBD., S. 150.
[16] EBD., S. 151.

Widerstandswillen, aber auch die Einsicht in die Ohnmacht kritischer Berichterstattung. So versucht Hocke das Feuilleton für subversive Artikel über Beobachtungen und Erlebnisse auf seinen Reisen in Italien zu nutzen.[17] In einem Fall schmuggelt er einen Artikel über die italienische Kriegsmüdigkeit anhand der Darstellung einer Zirkusvorstellung an der italienischen Zensurbehörde vorbei nach Köln, was ihm allerdings eine Verwarnung einträgt.[18] Die Einberufung als Zivildolmetscher Januar 1942 bei einem deutschen Jagdgeschwader in Gela und Comiso auf Sizilien beendet vorerst die journalistische Tätigkeit. Statt dessen arbeitet er in seiner Freizeit an einem Roman. Thema soll sein: „Die dämonischen seelischen Hintergründe des sogenannten Dritten Reiches". Fahrten und Wanderungen durch die sizilische „Magna Graecia", zu denen er den bildungsbeflissenen Commodore des Geschwaders, Günther von Maltzahn, überreden kann, verschaffen ihm die nötigen Eindrücke der Schauplätze Kroton und Sybaris. Die Handlung verlegt er vorsichtshalber in die Vergangenheit, nachdem er sich im Herbst 1942 durch sein ständiges Schreiben beim italienischen Geheimdienst verdächtig gemacht hat und sein Privatquartier durchsucht worden ist.

> Was lag für mich näher, als das Großgriechenland des 6. Jahrhunderts vor Christus zu wählen! Ich konnte den Tyrannen von Croton, Telys, zu einem Archetyp nicht nur Hitlers machen und – anhand der Tarantel-Legenden – das schildern, was mir vor allem am Herzen lag – den Hitlerismus als eine psychische Epidemie, als eine mörderische politische Seuche. Es galt also, in frei erfundenen Szenarien an dem Großgriechenland des 6. Jahrhunderts das Verhängnis einer Massenpsychose des 20. Jahrhunderts symbolisch-dichterisch sichtbar zu machen. Außerdem sollte die Schilderung einer Tarantel-Tanz-Epidemie eine Satire über den Antisemitismus darstellen. Doch sollten auch Gegengifte zur Verfügung gestellt werden, nämlich die ‚kosmische' Vernunftlehre des Pythagoras.[19]

Die Darstellung Italiens, hier Siziliens und Unteritaliens, hat für Hocke auch hier, wie schon in seinem Reisebuch von 1939, keinen Eigenwert, sondern ist ihm Mittel zum Zweck einer politisch motivierten Zeitkritik.

---

[17] Gustav René HOCKE: Römisches Tagebuch. In: Kölnische Zeitung. Reichsausgabe, Nr. 60 vom 2.2.1941, Beilage S. 9.
[18] Leviathan, S. 154f.
[19] EBD., S. 166f.

Das Verfahren war übrigens beliebt: Schon Marie Luise Kaschnitz (*Elissa*, 1937), Werner Bergengruen (*Der Großtyrann und das Gericht*, 1938) und Ernst Jünger (*Auf den Marmorklippen*, 1939) hatten in den Jahren zuvor ihre politische Kritik in ähnlich indirekter Weise vorgebracht, abgesehen davon, daß schon Wielands *Agathon* im fiktiven antiken Großgriechenland die politischen Verhältnisse des 18. Jahrhunderts der Kritik unterzogen hatte.

Die Arbeit an diesem Roman verdrängte nach der Rückkehr nach Rom und seiner krankheitsbedingten Entlassung aus dem Kriegsdienst im Dezember 1942 mehr und mehr die journalistische Arbeit. In der höchst unsicheren Situation nach dem Sturz Mussolinis am 25.7.1943, dem Waffenstillstand zwischen Italien und den Alliierten am 8.9.1943 und der Besetzung Roms durch deutsche Truppen, als Hocke bis zur Befreiung Roms durch alliierte Truppen für neun Monate untertauchen mußte, zunächst bei Freunden, dann im Generalatshaus der Salvatorianer, um der Verhaftung durch die Gestapo zu entgehen, blieb ihm nur noch die Arbeit an diesem Roman, der unter dem Titel *Der tanzende Gott* erst 1948 in München erscheinen konnte. Der Plan, unter der britisch-amerikanischen Besatzungsmacht ab Sommer 1944 von Rom aus im Kreis gleichgesinnter Nazigegner an einer Erneuerung Deutschlands und Europas mitarbeiten zu können, erwies sich als Illusion. Hocke wurde am 6.9.1944 verhaftet und nach zweimonatiger Haft im römischen Gefängnis Regina Coeli mit einem Transport deutscher Kriegsgefangener von Neapel aus in die USA verfrachtet und dort interniert. Hocke hat später eingesehen, daß die politischen Planspiele von 1943/44 für Nachkriegsdeutschland allzu naiv waren, weil sie die weltweite Verbitterung über die im deutschen Namen verübten Greueltaten überhaupt nicht bedacht hatten:

Unser und auch mein Hauptfehler bestand darin, trotz aller Selbstkritik und Warnungen von Außen, zu gefährliches politisches Glatteis betreten zu haben. Das Ausmaß der Abneigung, des Mißtrauens gegenüber Deutschland, nun in toto, war uns damals überhaupt noch nicht klar genug bewußt.[20]

Hockes verdienstvolle Tätigkeit als Herausgeber und Mitarbeiter von Lagerzeitungen zur „Reeducation" der teils orientierungslosen, teils

---

[20] EBD., S. 231.

noch hitlertreuen deutschen Kriegsgefangenen, insbesondere in der zusammen mit Alfred Andersch und Curt Vinz gegründeten Zeitschrift *Der Ruf*, die ab März 1945 als amerikanische Lagerzeitschrift erschien und nach der Rückkehr nach Deutschland ab August 1946 in München fortgeführt wurde, ferner Hockes Mitarbeit an der ebenfalls von der amerikanischen Besatzungsmacht initiierten *Neuen Zeitung* und weiteren neugegründeten Kulturzeitschriften, seine Mitarbeit beim ersten Schriftstellerkongreß 1948 in Frankfurt und bei der Gründung der Deutschen Akademie für Sprache und Dichtung 1949 – all das sei hier übergangen.[21]

Erst am 26. Juli 1949 konnte Hocke mit einem italienischen Visum, mit den nötigen Devisen und nach erfolgreichen Absprachen mit einer Reihe westdeutscher Zeitungen wieder und nun für immer nach Rom zurückkehren: als erster deutscher Korrespondent im Italien der Nachkriegszeit und mit dem Vorsatz, an der Annäherung zwischen Italien und Deutschland mitzuwirken. Seine Schilderung dieser zweiten Ankunft in Rom fällt bezeichnenderweise anders aus als 1940, entspricht im übrigen aber auch dem neuen Zeitgeist: „In Rom gab ich vorerst mein Gepäck auf und ‚pilgerte' zu Fuß zur Peterskirche, wo ich ein Dankgebet sprach und mich vor der Taube des Heiligen Geistes über dem Katheder-Altar verbeugte."[22] In seinen Features versucht er ein getreues Bild vom Aufstieg und von den Krisen Italiens in der Nachkriegszeit nach Deutschland zu vermitteln, in weitgehender Übereinstimmung mit den europapolitischen Zielen Adenauers. *Süddeutsche Zeitung, Frankfurter Neue Presse, Düsseldorfer Nachrichten, Weser-Kurier, Kölner Stadtanzeiger* und *Hannoversche Allgemeine* waren ab 1950 seine Abnehmer: „Praktisch verfügte ich nun über so etwas wie eine Privat-Agentur und betreute wohl ein paar Millionen deutscher Leser mit Italienberichten. Später kamen noch die *Saarbrücker Zeitung* und die Züricher *Tat* hinzu."[23] Hocke wohnte zunächst im Zentrum Roms zur Miete, bis er 1963 mit seiner zweiten Frau und seinen beiden Kindern – die erste Ehe war 1951 geschieden worden – sein eigenes Haus in Genzano di Roma beziehen konnte.

---

21 Vgl. dazu Volker WEDEKING: Der Nullpunkt. Über die Konstituierung der deutschen Nachkriegsliteratur (1945-1948) in den amerikanischen Kriegsgefangenenlagern. Stuttgart: Metzler 1971; DERS.: Leviathan und Apollinische Aufklärung: Hocke als Journalist und Erzähler. In: Viersen (wie Anm. 10), S. 39-46.

22 Leviathan, S. 321.

23 EBD., S. 338.

IV

Bei aller Freiheit und Unabhängigkeit der Berichterstattung über die politisch-soziale, wirtschaftliche und kulturelle Entwicklung Italiens mit ihren beängstigenden Modernisierungsschüben und Krisen, bei allen Enttäuschungen über die ausbleibende geistig-moralische Erneuerung Europas, bei allen Ehrungen, die ihm für seine Bemühungen um „eine neue, jetzt demokratische Freundschaft zwischen dem deutschen und italienischen Volk"[24] seitens der Stadt Rom (1956), der Stadt Venedig (1952), der italienischen Regierung (1957, 1959, 1966) und später auch der deutschen Regierung (1973) zuteil wurden, bei all den Begegnungen mit den Großen der Zeitgeschichte (de Gasperi, Adenauer, Papst Pius XII., Papst Johannes XXIII., Papst Paul VI., Theodor Heuß), Schriftstellern (Thomas Mann, Stefan Andres, Marie Luise Kaschnitz, Luise Rinser, Max Frisch, Ingeborg Bachmann), bildenden Künstlern und Musikern – die journalistische Arbeit hat Hocke nie ganz ausgefüllt; er bezeichnet sich als „Journalist und Schriftsteller" und arbeitet kontinuierlich an zwei Schreibtischen. Anfang der fünfziger Jahre beginnt er mit Manierismusstudien; den Anlaß gibt Rom, den Durchbruch bringt 1952 Venedig:

Die Ewige Stadt ist anders, abgründiger, als manche Rom-Verehrer wissen. Ich habe mich stets darum bemüht, Rom in einer solchen surrealistischen Einheit des Gegensätzlichen zu beobachten und zu schildern. [...] Jede Generation entdeckt Rom auf ihre Weise! Ich, der ich mit dem Surrealismus geradezu aufgewachsen war, entschied mich für eine surreale Kombinatorik, auch was Rom angeht, und gerade das gab meinen Manierismus-Forschungen neue Impulse.[25]

In diesem Sinne hatte er schon seit 1940 die manieristischen Spuren in der antiken Kunst gesammelt und für sich dokumentiert. In Venedig, anläßlich der 3. Biennale 1952, konfrontiert mit den Retrospektiven der klassischen Moderne und den neuen Abstrakten, findet er den Schlüssel zum Ordnen des Materials in einem bestimmten Verhältnis der Künstler zur Tradition:

---

[24] EBD., S. 438.
[25] EBD., S. 369f.

Schon immer hatte ich speziell subjektiv engagierte Werke der Kunst, Dichtung und Musik als bessere Maßstäbe für den Zeitgeist angesehen als – mit seltenen Ausnahmen – Reden und Taten der Politiker. [...] Sie [die venezianischen Künstler] wollen nicht wiederholen. Sie wollen fortsetzen. Sie wollen Triebe sein am Baume der Tradition, nicht welke Blätter. [...] Das gespannte Spiel zwischen der Fülle der Formen und Motive von einst und des allerletzten Ausdrucks von heute, in diesem tiefen Gesetz eines späthellenistischen Apoll schwingt sie [die Serenissima] auch heute noch.[26]

An diesem Maßstab mißt Hocke die Produktionen der Gegenwart und richtet er zugleich seine Arbeitsweise aus:

Die Konfrontierung von ‚moderner‘ Kunst, Literatur und Musik mit bestimmten künstlerischen, dichterischen und musikalischen Ausdrucksformen der Vergangenheit, die man in einer eher unglücklichen Weise als ‚manieristisch‘ bezeichnet, besser aber als ‚subjektivistisch‘ kennzeichnen sollte, wurde in Venedig zum ersten Mal geradezu schockartig zur Methode entwickelt. Doch wollte ich mich vor systematischen Verallgemeinerungen hüten. Die nächste Aufgabe hieß vor allem: so viele Bilder, Texte, Kompositionen aus dem 16. Jahrhundert studieren wie möglich; dazu sich nichts vom Besten in der Gegenwart entgehen lassen![27]

Die Kunstwerke des 16. und 17. Jahrhunderts in Rom, Florenz und Venedig hatten dem mit dem Surrealismus des 20. Jahrhunderts vertrauten Hocke schon immer Anlaß zum Vergleichen gegeben und damit zu einer unvoreingenommeneren Bewertung. Hatte man bis dahin „Manierismus“ eher als Verfallserscheinung, als epigonalen Ausklang der Renaissance angesehen, so erschienen ihm diese Kunstwerke im Vergleich unversehens in einem größeren geistesgeschichtlichen Zusammenhang: als Manifestationen eines europäischen Subjektivismus, als Ausdruck auch einer sich seit dem 16. Jahrhundert verschärfenden Sinnkrise, einer Verunsicherung des europäischen Lebensgefühls, auf die die Künstler und Schriftsteller mit der Darstellung von inneren Bildern einer „ungehemmten Phantasie“ reagieren, mit einer irregulären, antiklassischen, antinatu-

---

[26] EBD., S. 373.
[27] EBD. S. 379f.

ralistischen „Idea"-Kunst, mit der die Kunst der Moderne beginnt.[28]
Hocke ist dann aber noch einen Schritt weiter gegangen. Im Anschluß an
das Buch seines Lehrers E. R. Curtius *Europäische Literatur und lateini-
sches Mittelalter* (1948) hat er aufzuweisen versucht, daß diese Idea-
Kunst schon seit der Antike mal offen, mal untergründig wirksam ist: als
„eine Konstante des europäischen Geistes [...] auch in Rebellion oder
Weltflucht, in Weltanklage und Weltangst, in Deformation, Konstruk-
tion, in Expressionismus, Surrealismus und Abstraktion".[29]
Auf der Grundlage eines riesigen Vergleichsmaterials hat Hocke dann
sein zweibändiges Werk zur Kunst und Literatur des europäischen Subjektivismus verfaßt, das 1957 und 1959 in der von Ernesto Grassi her-
ausgegebenen Reihe *Rowohlts Deutsche Enzyklopädie* erschienen ist:

- Die Welt als Labyrinth. Manier und Manie in der europäischen
  Kunst von 1520 bis 1650 und in der Gegenwart (1957)
- Manierismus in der Literatur. Sprachalchemie und esoterische
  Kombinationskunst. Beiträge zur vergleichenden europäischen
  Literaturgeschichte (1959)

Das Material ist in beiden Bänden nach Themen und künstlerischen Verfahrensweisen geordnet, in übersichtlichen Kapiteln und journalistisch
geschulter anschaulicher Diktion. Entsprechend groß war die Resonanz:
mehrere Auflagen, 1987 eine Neuausgabe in einem Band, von der 1991
noch eine Sonderausgabe erschien.[30] Hocke hat nicht nur der europäischen Barockforschung neue Wege gewiesen, sondern mit diesem Werk
auch auf zeitgenössische Künstler und Schriftsteller Einfluß genommen;
für viele war die Lektüre geradezu ein Erweckungserlebnis. Auch nach
fast 50 Jahren ist noch spannend zu lesen, wie nahe sich Manieristen und
die Künstler und Dichter der Moderne in Themen und Verfahrensweisen
sind.
Freilich blieb auch Kritik nicht aus. Kritisiert wurde zu Recht der von
Ernst Robert Curtius und dem Kunsthistoriker Max Dvořak entlehnte
ahistorische Ansatz: Manierismus als eine überzeitliche Konstante des

---

[28] Gustav René HOCKE: Die Welt als Labyrinth. Manier und Manie in der europäischen
Kunst. Von 1520 bis 1650 und in der Gegenwart. Hamburg: Rowohlt 1957
(= Rowohlts Deutsche Enzyklopädie 50-52), S. 37-46.

[29] EBD., S. 226.

[30] Gustav René HOCKE: Die Welt als Labyrinth. Manierismus in der europäischen Kunst
und Literatur. Durchgesehene und erweiterte Ausgabe hrsg. von Curt Grützmacher.
Reinbek: Rowohlt 1991.

europäischen Geistes und „Komplementärerscheinung zur Klassik aller Epochen".[31] Die Kritik betrifft aber nicht die weiterwirkende Tradition der Idea-Kunst des 16. und 17. Jahrhunderts in den folgenden Jahrhunderten, wenn man die Kette ihrer Wiederentdeckungen beachtet: etwa die Wiederentdeckung der Barockdichtung durch die Romantik, dann durch Nietzsche und die junge Generation in seinem Gefolge sowie in den Perioden nach dem Ersten und dem Zweiten Weltkrieg. D.h.: Die Weltsicht und Kunstauffassung der Manieristen, die Hocke in Italien als lebendige Vergangenheit wahrnimmt, als produktive Kunstleistung erkennt und für das Verständnis der Kunst und Literatur des 20. Jahrhunderts fruchtbar macht, hat über vielfache Vermittlungen jeweils neue Aktualität erhalten. Hockes zweibändiges Werk ist ein weiteres Glied in dieser Kette.

Hocke hat seinen Ansatz zur Deutung der Gegenwartskunst in einer Reihe von Publikationen noch weiter ausgeführt und existenzphilosophisch vertieft. Die wichtigsten sind: *Verzweiflung und Zuversicht. Zur Kunst und Literatur am Ende unseres Jahrhunderts* (München 1974) und *Malerei der Gegenwart. Der Neo-Manierismus. Vom Surrealismus zur Meditation* (München 1975).

V

Trotz der Distanziertheit zum kirchlichen Rom: die Jahre 1958-1965 forderten dem Journalisten Hocke konzentrierteste Zuwendung zu Belangen der katholischen Kirche ab:

Das größte Ereignis der Kirchengeschichte im 20. Jahrhundert, die durchaus auch dramatische Erneuerungs-Bestrebung der katholischen Weltkirche konnte ich ja nicht nur als ‚distanzierter' Zeuge beobachten. Ich mußte Stufe um Stufe, mit allen Nuancen und Backgrounds, meinen Zeitungen nicht nur berichten. Theologische und kirchenrechtliche Probleme mußten analysiert und kommentiert werden. Dazu war allerhand Lektüre nachzuholen, auch wenn ich, seit meinem Studium in Bonn, in theologicis nicht ganz unerfahren war. [...] Außerdem konnte ich die politischen Ereignisse in Italien nicht vernachlässigen, auch kulturelle kaum.[32]

---

[31] Vgl. dazu Wieland SCHMIED: Die Welt als Labyrinth. Über Gustav René Hocke. S. 94-96.; Curt GRÜTZMACHER: Traumrevolten des modernen Ich. Das Problem des Neo-Manierismus in der Kunst der Gegenwart. EBD., S. 97-103.

[32] Leviathan, S. 454f.

Über seine persönliche Einstellung zur Kirche schreibt Hocke:

> Ich finde es immer schwer, auch als dezidierter Christ, doch auch als ‚Humanist' und ‚Aufklärer', mich mit dieser katholischen Kirche, 1960, zu identifizieren. Doch wollte ich nicht ‚konvertieren' oder ‚austreten'. Das hätte ich ohne jedes Aufsehen, ganz privat, tun können. Doch fühle ich mich nicht nur ‚existentiell', sondern gleichsam auch historisch körperhaft dieser – im Bösen wie im Guten – kirchlichen Leistung Europas verbunden. [...] Gottlob wurde das Pseudo-Christentum bald in überzeugender Weise ‚entmythologisiert' (Bultmann), ‚existentiell' vertieft (Rahner) und, wenn auch nicht konsequent, ent-dogmatisiert (Küng).[33]

Entsprechend kritisch fallen seine Äußerungen zu Papst Pius XII., zum Heiligen Jahr mit der Verkündigung des neuen Marien-Dogmas und den späteren Visionen dieses Papstes aus. Hocke rechnet sich zu den „wachsamen, kleineren Gruppen von kritischen Katholiken", die die „obrigkeitsstaatliche Ersatzfunktion des neuen ‚Katholisch-Seins'" nach dem Krieg durchschauen: „Schon unter Pius XII. bereitete sich das Klima für ein neues internationales Kirchenkonzil vor. Mit bloßem liturgischem ‚Spiel', mit noch so würdevoller christlich-politischer Rhetorik konnte es nicht weitergehen!" schreibt er.[34] Über die kirchlichen Großereignisse: den Tod Papst Pius XII., die Wahl Johannes XXIII., dessen erste Schritte zur Einberufung des Konzils am 11. Oktober 1962 und seine Enzyklika „Pacem in terris", seinen Tod an Pfingsten 1965, die Wahl Papst Paul VI., über Verlauf und Abschluß des Konzils am 8. Dezember 1965 – hat Hocke fortlaufend in unzähligen Zeitungsartikeln und auch in essayistischen Resümees über die Sessionen des Konzils (u.a. für die Zeitschrift „Außenpolitik") berichtet.[35] Sehr ausführlich sind auch seine rückblickenden Schilderungen in der Autobiographie. Die folgende Episode

---

[33] EBD., S. 474f.

[34] EBD., S. 343.

[35] Vgl. Das Konzil im Spiegel der Presse. Hrsg. von Weihbischof Walther Kampe. Würzburg: Echter 1963, S. 137, 151, 228, 291, 373. – Gustav René HOCKE: Das Zweite Vatikanum in Rom. In: Außenpolitik. Zeitschrift für internationale Fragen 13 (1961), H. 9, S. 577-587; DERS.: Der Vatikan zwischen den Konzilsphasen. In: Außenpolitik 14 (1963), H. 8, S. 513-523. DERS.: Das Konzil und die Weltpolitik. In: Außenpolitik 17 (1966), H. 3, S. 133-141.

aus der Autobiographie zeigt ihn in seinem Schwanken zwischen Hoffnungen und Befürchtungen:

Es gab für mich, was das Konzil angeht, nicht nur viel journalistische Informationsarbeit zu leisten, sondern auch mit eigenen ‚Emotionen‘ fertig zu werden [...]: ich nahm leidenschaftlichen Anteil, daß dieses Zweite Vatikanische Konzil endlich – im Sinne Toynbees – eine positive Antwort auf die destruktive Herausforderung Leviathans bedeuten könne, d.h. ein vernünftiges Modell der Liebe bieten werde, nachdem ich vor zwei Generationen den entsetzlich sinnlosen Ersten und vor einer Generation den nur noch ‚wahnsinnigen‘ Zweiten Weltkrieg erlebt hatte. [...] Würde wieder der ‚Apparat‘ siegen, also leviathanische Mechanismen, auch in der Kirche? Dazu eine unvergessliche Episode! Mit Luise Rinser, die, geleitet von ‚progressistischer Gesinnung‘, für eine deutsche Wochenschrift über das Konzil schrieb, saß ich am Ende der Debatte über das Thema ‚Religionsfreiheit‘ im vatikanischen Informationszentrum. Der Sprecher deutete vorsichtig an, daß nicht alle Erwartungen erfüllt worden wären. Luise Rinser stieß einen unterdrückten Ruf aus und sagte: „Bitte, René! Ich halte es nicht mehr aus. Gehen wir an die frische Luft!" Sie zitterte am ganzen Leib. Ich dachte, es sei ihr schlecht geworden und folgte ihr. Wir betraten den Peters-Platz in dem Augenblick, als die Konzilsväter, buntgekleidet, wirkend wie eine seltene Schmetterlingssammlung, den Dom der katholischen Christenheit nach ihrem so fragwürdigen Kampf verließen. Luise Rinser stürzte sich auf einige der ersten höchst würdevollen Konzilsväter, ich weiß nicht aus welchen Ländern, und schrie sie mit tränenerstickter Stimme an: ‚Ihr Feiglinge! Ihr Feiglinge!‘ Ich zog sie sanft zurück, denn ich merkte, daß Polizisten auf uns aufmerksam wurden. Willenlos ließ sie sich von mir in den Schatten der Arkaden Berninis führen. Wir setzten uns. Sie begann hemmungslos zu weinen. Nicht nur ihrer Verzweiflung wegen standen auch mir die Tränen in den Augen. Die Schar der Konzilsväter glitt gleichgültig an uns vorüber. Wir hatten beide begriffen, daß das Konzil, wie Johannes XXIII. es sich gedacht hatte, nicht zu einem ‚Christentum der Nächsten‘, wie Kierkegaard es so leidenschaftlich forderte, zu führen vermocht hatte.[36]

---

[36] Leviathan, S. 557f.

Die Episode bestätigt seine alte Skepsis und vermittelt zugleich einen Eindruck vom lebendigen Stil Hockes. Doch hat Hocke in seinen Berichten vor allem die durch das Konzil bewirkten und auch von Papst Paul VI. mit Nachdruck vertretenen Veränderungen im Selbstverständnis der Kirche gewürdigt. „Die Kirche will sich erneuern, sie muß sich erneuern! Ihr aber, Ihr müßt euch selbst überwinden, um ihren neuen Auftrag zu verstehen." Hocke zitiert diese Sätze aus der Ansprache Pauls VI. vor der römischen Vatikan-Aristokratie. Solche von Hocke ersehnten Fortschritte sind die neue Unabhängigkeit der Kirche von den machtpolitischen Systemen, Nationen, Parteien, Klassen, Ständen, Rassen,[37] sowie die neue Dialog- und Toleranzbereitschaft, die nach Außen zur Gründung des „Sekretariats für die Nichtgläubigen" und nach Innen zum Verzicht auf „restriktive Machtausübung durch Index-, Exkommunizierungs- und Ablaßpraxis" geführt habe.

Doch die Skepsis erhält in der persönlichen Begegnung mit Papst Paul VI. anläßlich einer Audienz für die Auslandspresse neue Nahrung: „Mein dritter Papst! Ein kleines Gesicht mit klug lauernden winzigen Augen. Kälte strömte von ihm aus, im Gegensatz zu Johannes XXIII. oder gar zu Pius XII., der wenigstens – äußerlich – Würde darstellte."[38] Hocke reagiert verärgert auf die vom Papst geäußerten Gemeinplätze über die Aufgabe der Presse, die nur berichten solle, was „offiziell" sei, und „sub specie aeternitatis" kommentieren. Die gegenseitige Antipathie sei „vollkommen" gewesen, schreibt er, als er dem Papst, der ihn schon kannte, vorgestellt worden sei.

Für Hocke war das Konzil religiöses Großereignis und mehr als ein Gegenstand bloßer journalistischer Pflichtübung, auch deshalb, weil er sich von ihm eine „neue, liebende christliche Seinszuversicht"[39] erhofft hatte, die die ihn bedrückende bedrohliche Weltlage positiv beeinflussen sollte. In dieser Hoffnung sah er sich getäuscht. Der Vatikan war alsbald für ihn wieder nur ein Ort der Sinnsuche unter anderen. Je älter Hocke wurde, umso fragwürdiger wurden ihm die bisherigen Orte der Selbstbehauptung, Orte des Humanen: die Kunst, die Musik, die Dichtung, die Religionsphilosophie eines Blaise Pascal, Sören Kierkegaard oder Max Scheler, die Idee des europäischen Menschen, der Hocke in seinem großen, auch literaturgeschichtlich bedeutenden Werk *Das europäische*

---

[37] EBD., S. 560.
[38] EBD., S. 611.
[39] EBD., S. 563.

Tagebuch (1963) nachspürte, die Zen-Meditation anläßlich einer Japanreise, „Asiens metaphysische Kraft gegen Europas psychische Dekadenz"[40], auch Papst Johannes Pauls II. kompromißlose Ablehnung des Krieges, schließlich die angeblich „stets gleichbleibende Liebe zu allen Muttergottheiten" mit Maria „auf deren oberstem Thron"[41] – all das sind gleichsam Zufluchtsorte, an denen dieser zwischen Verzweiflung und Zuversicht schwankende Geist vorübergehend Hoffnung schöpfte. Für den neuzeitlichen europäischen Subjektivismus ist folglich er selbst, wie seine Autobiographie zeigt, ein besonders eindrucksvolles Exemplum: Journalist, Schriftsteller, verunsicherter bürgerlicher Intellektueller und wacher Zeitgenosse des labyrinthischen 20. Jahrhunderts.

---

[40] EBD., S. 583.
[41] EBD., S. 636.

Autorenverzeichnis

Prof. Dr. Dieter Breuer, Aachen

Prof. Dr. Gertrude Cepl-Kaufmann, Düsseldorf

Prof. Dr. Reinhard Feiter, Münster

Lydia Konnegen M.A., Aachen

Dr. Wolfgang Löhr, Mönchengladbach

Dr. Herman H. Schwedt, Salsomaggiore, Italien